# DES
# CONFLITS
## D'ATTRIBUTION

PAR

## A. POISSON

DOCTEUR EN DROIT, CONSEILLER DE PRÉFECTURE DU PAS-DE-CALAIS

« La séparation des pouvoirs est la première
condition des gouvernements libres. »
*Constitution de 1848.*

« Le principe est l'indépendance des pou
voirs ; le moyen est le conflit ; la conséquence est
l'ordre. »
DE CORMENIN. *Quest. de droit administratif.*

PARIS

LIBRAIRIE ADMINISTRATIVE BERGER-LEVRAULT ET Cie

5, rue des Beaux-Arts, 5

*MÊME MAISON A NANCY*

1880

DES

# CONFLITS D'ATTRIBUTION

NANCY, IMPRIMERIE BERGER-LEVRAULT ET C<sup>ie</sup>.

# DES
# CONFLITS
## D'ATTRIBUTION

PAR

## A. POISSON

DOCTEUR EN DROIT, CONSEILLER DE PRÉFECTURE DU PAS-DE-CALAIS

> « La séparation des pouvoirs est la première
> condition des gouvernements libres. »
> *Constitution de 1848.*

> « Le principe est l'indépendance des pou-
> voirs ; le moyen est le conflit ; la conséquence est
> l'ordre. »
> DE CORMENIN. *Quest. de droit administratif.*

PARIS

LIBRAIRIE ADMINISTRATIVE BERGER-LEVRAULT ET Cie

5, rue des Beaux-Arts, 5

*MÊME MAISON A NANCY*

—

1880

# PRÉLIMINAIRES

## De la séparation des pouvoirs.

Nous n'avons pas l'intention de faire ici et en détail
la synthèse des pouvoirs publics ni de rechercher si,
comme on l'a prétendu, à tort, selon nous, l'autorité
judiciaire forme, à côté du pouvoir *législatif* et du
pouvoir *exécutif,* un troisième pouvoir dans l'État.
Nous nous bornons à le constater, la séparation et la
distinction des pouvoirs est aujourd'hui la base fonda-
mentale de nos principes constitutionnels, de notre
organisation politique, judiciaire et administrative,
c'est-à-dire de tout notre droit public tel qu'il a été
proclamé en 1789 par l'Assemblée nationale qui, dit
Foucart, « a jeté les bases d'une nouvelle organisation
politique dont ceux qui en recueillent aujourd'hui les
bienfaits n'apprécient pas toujours assez les avantages ».

D'une part, on a considéré que « si la puissance lé-
« gislative est réunie à la puissance exécutrice dans la
« même personne ou dans le même corps de magis-
« trature, il n'y a point de liberté, parce qu'on peut
« craindre que le même monarque ne fasse des lois
« tyranniques pour les exécuter tyranniquement ».
(Montesquieu, *Esprit des lois,* liv. XI, chap. vi.)

Mais, d'autre part, on doit aussi prendre souci des
difficultés que le pouvoir exécutif pourra rencontrer
dans l'accomplissement de son office.

Il aura besoin de se dédoubler en plusieurs autorités, et alors ou distinguera le *gouvernement, l'administration,* la *justice;* l'administration sera l'*exécutif administratif* et la justice sera l'*exécutif judiciaire.* Là encore il ne faut pas oublier le principe de la séparation des pouvoirs.

En effet, si le pouvoir exécutif possède plusieurs moyens d'action, d'exécution, sa volonté n'en doit pas moins rester une et identique à son but. Ses différents agents ne doivent pas le réduire à l'impuissance par la *contrariété de leurs décisions* ou par des empiétements dont l'histoire des Parlements, par exemple, fait comprendre toute l'importance et tous les dangers. Or, « entre l'ordre judiciaire et l'ordre administratif, il y a *incompatibilité;* et leur *confusion* entraîne forcément des usurpations réciproques ». (*Discours de M. le procureur général* RENOUARD *à l'Académie des sciences morales, le* 23 *mars* 1872.)

Ainsi, dans la grande comme dans la petite subdivision de l'organisme constitutionnel, il faut éviter un pouvoir ou une autorité trop puissante qui, sans tempérament ni modération, arriverait à l'abus, au despotisme, et, en définitive, à la désorganisation.

L'Assemblée nationale de 1789 a voulu mettre obstacle à une telle situation en édictant l'article 13 de la loi du 16 août 1790 (*tit. II*) : « Les fonctions judiciaires sont distinctes et demeurent toujours séparées des fonctions administratives. »

Donc en fait, et en vertu des lois existantes, quelles que soient à cet égard les questions de doctrine et de théorie, le pouvoir législatif doit être distinct et séparé du pouvoir exécutif comme l'ordre judiciaire doit l'être de l'ordre administratif.

C'est à ce dernier point de vue que nous allons étudier l'application du principe de la séparation des pouvoirs. Dans le but de maintenir l'unité et l'indépendance respectives des autorités administrative et judiciaire, on a établi le conflit d'attributions, destiné à établir, pour leur compétence respective, une limite exacte, déterminée par un supérieur commun ou par un tribunal général. Le conflit d'attributions est donc la lutte qui s'élève entre les autorités judiciaire et administrative, lorsque l'une et l'autre réclament ou rejettent à l'envi le jugement d'un litige dont la connaissance est légalement attribuée à l'autorité administrative.

De là deux sortes de conflits qui nous permettront de diviser notre étude de la manière suivante :

1re partie. — Historique et législation des conflits d'attributions.

2e partie. — Du conflit positif.

3e partie. — Du conflit négatif.

4e partie. — Législation comparée.

[illegible]

[illegible]
[illegible]
[illegible]
[illegible]
[illegible]
[illegible]
[illegible]
[illegible]
[illegible]
[illegible]

[illegible]
[illegible]
[illegible]

[illegible]
[illegible]
[illegible]

# PREMIÈRE PARTIE

## HISTORIQUE ET LÉGISLATION DES CONFLITS.

---

## CHAPITRE PREMIER.

### Historique des conflits avant 1789.

En France, sous l'ancienne monarchie et avant 1789, on comptait 32 provinces, dont chacune, en devenant française, avait conservé son droit public et privé. De là naissaient les difficultés dans l'exercice du pouvoir royal ; l'autorité du roi se heurtait aux priviléges, aux usages, aux coutumes, aux préjugés, et le bien public était souvent sacrifié aux jalousies de provinces. La perception de l'impôt fournit l'occasion de créer des institutions fiscales qu'on rendit finalement administratives. Les *bureaux de finance* établis dans chaque *généralité*, composés de *trésoriers de France*, eurent bientôt l'*entière administration, direction, intendance et juridiction du domaine royal, comme aussi la direction, intendance et juridiction de la voirie, circonstances et dépendances d'icelle, réparation des chemins, ponts, pavés, chaussées et cours d'eau du royaume* (édit de 1635).

D'après Serrigny, il existait sept tribunaux administratifs chargés de statuer sur les difficultés administratives ou mixtes :

1° La *Chambre des comptes,* pour juger la manutention des finances et garder le domaine de la Couronne ;

2° La *Cour des aides*, sorte de Parlement, pour juger souverainement sur les aides, gabelles, tailles et autres matières ;

3° La *Juridiction des élections*, pour statuer sur les réclamations en matière d'impôts directs et indirects ;

4° Les *Greniers à sel*, jugeant en premier ressort les contraventions sur le sel ;

5° Les *Traites foraines*, pour juger des difficultés sur les perceptions et le recouvrement des traites ou douanes;

6° Les *Bureaux de finances*, pour la direction et la juridiction de la voirie et des finances ;

7° Les *Intendances*, instituées par l'édit de mai 1635, investies de fonctions administratives et du contentieux, jugeant les contraventions et les actes des fermes du domaine et les contestations sur le recouvrement des droits d'amortissement. (*Arr. du Conseil, 20 avril 1694, 4 nov. 1710 et 30 sept. 1721.*)

Pour montrer quelle importance les diverses autorités de France attachaient à leurs prérogatives et à la délimitation exacte de leur compétence et de leur juridiction, nous allons faire l'exposé de quelques luttes intervenues entre les autorités civiles, ecclésiastiques et judiciaires.

Dans un ouvrage de 1746, intitulé : *Résolutions des plus importantes questions de la coutume et du barreau, et de plusieurs cas de conscience,* par Messire Roger de la Paluelle, curé de Clinchamps, nous avons trouvé plusieurs consultations sur les conflits entre la juridiction judiciaire et la juridiction ecclésiastique. Dans la première, l'auteur se pose cette question : « Doit-on l'absolution aux juges qui usurpent sur les droits de la juridiction ecclésiastique? » Oui, répond-il, si le fait n'est pas douteux, et on en doit dire autant des juges ecclésiastiques s'ils usurpent la juridiction séculière ; car Innocent III, au troisième concile de Latran, parle en ces termes : « *Sicut volumus ut jura clericorum non* « *usurpent laici, ita velle debemus ne clerici jura sibi* « *vendicent laicorum. Quo circa universis clericis in-* « *terdicimus, ne quis pretextu ecclesiasticæ libertatis* « *suam de cætero jurisdictionem extendat in prejudi-* « *cium justitiæ sæcularis.* » C'est ainsi que le tome II des *Libertés de l'Église gallicane,* fol. 1140, rapporte un arrêt du Parlement de Paris d'après lequel l'avocat général fit supprimer la thèse d'un candidat à l'Université de droit d'Orléans, parce que ses propositions, tirées de l'Écriture, étaient fausses et scandaleuses, tendaient à diminuer l'autorité royale et à soustraire les sujets de l'obéissance qu'ils doivent à leur prince. De même Louis XIII, par l'article 32 de son ordonnance concernant la juridiction ecclésiastique, a défendu aux juges de l'Église d'user de censures contre les officiers de Sa Majesté, à peine de saisie de leur temporel, et veut que, si les ecclésiastiques se trouvent grevés aux droits de leurs juridictions, ils en fassent leur plainte aux cours souveraines, et si c'est contre les cours souveraines, ils se retirent par devers le roi en son Conseil.

Messire de la Paluelle établit encore qu'un ecclésiastique ne peut, sans blesser sa conscience, ajourner un autre ecclésiastique devant le juge laïque dans une matière personnelle. Cette résolution serait fondée sur une défense faite par saint Paul aux chrétiens de plaider dans les tribunaux des infidèles et aux ecclésiastiques de plaider devant les juges laïques dans les différends purement personnels qu'ils peuvent avoir entre eux ;

« *audet aliquis vestrum habens negotium adversus alte-*
« *rum judicari apud iniquos et non apud sanctos.* »
Cette défense a été réitérée par les canons et par les
papes. Et le bon messire ajoute : Il serait à souhaiter
que les paroles du grand Constantin fussent gravées en
lettres d'or dans tous les tribunaux séculiers. Or, ses
paroles les voici : des évêques ariens accusaient les
évêques orthodoxes, Constantin jeta le mémoire dans
le feu, en disant : « Vous ne devez pas être jugés par
« les hommes, puisque Dieu vous a donné le pouvoir de
« nous juger nous-mêmes. *Vos a Deo nobis dati estis*
« *Dii et conveniens non est, ut homo judicet Deos.* » La
doctrine pourrait être au moins embarrassante pour
l'observation des lois civiles ; aussi messire de la Paluelle trouve que ce trait renferme un peu de zèle ; seulement il a voulu faire voir combien il est honteux
d'exposer ainsi les ecclésiastiques à la satire des avocats, auxquels Charles VII a défendu de se servir de
paroles injurieuses contre leurs parties. D'ailleurs, le
principal coupable c'est plutôt l'ecclésiastique qui re-
nonce comme un hérétique à son privilége. C'est là
l'objet d'un troisième cas pratique de conscience.

Un ecclésiastique ayant dit quelques injures à un
laïque et étant assigné devant le juge royal en réparation d'injures, doit-il demander son renvoi devant l'of-
ficial et peut-il être revendiqué par le promoteur, et en
cas que le juge royal refuse d'accorder le renvoi, le
promoteur n'est-il pas bien fondé dans son appel ?
Trois avocats du Parlement de Paris, Levaillant, Nouet
et Le Merre ont résolu la question en 1704 et rédigé
leur opinion par écrit : tous les trois ont répondu affir-
mativement. Tout ecclésiastique « *ratione ordinationis* »
jouit d'un privilége dont l'effet est de le soumettre à la

juridiction ecclésiastique ; d'un autre côté, *ratione ori-
ginis*, comme sujet du roi, il peut être soumis à une
autre juridiction, mais en ce sens qu'il y a lieu de distinguer entre les cas ordinaires, c'est-à-dire privilégiés,
qui seront toujours jugés par la juridiction ecclésiastique, et les cas extraordinaires où le juge ecclésiastique admettra le concours du juge royal. Rien ne peut
porter atteinte à ce privilége. Charlemagne lui-même
l'a établi dans ses Capitulaires de 789, chap. XXXVII :
« *Ut clerici ecclesiastici ordinis, si culpam incurrerint*
« *apud ecclesiasticos judicentur, non apud sæculares.* »
*La procédure du cas où le juge royal est admis* a été
établie par l'article 22 de l'édit de Melun, par la décla-
claration de 1678 (*art. 1er, tit. XVII*), par celle de 1684
et par l'article 38 de l'édit d'avril 1695. C'est une
*maxime de droit public en France, dit Nouet,* que le
consentement des parties ne peut jamais proroger la
juridiction des juges au delà de leur compétence. C'est
un privilége clérical que les parties ne peuvent abandonner, disent les Décrétales. « *Quia non est benefi-*
« *cium personale cui renuntiari valeat, sed potius toti*
« *collegio ecclesiastico publice sit indultum cui privato-*
« *rum pactis derogari non possit.* » Même dans le cas
où c'était un laïque qui attaquait l'ecclésiastique, *le*
juge d'église était compétent, et ainsi « la damoiselle
Pezé ayant obtenu sentence en l'officialité d'Amiens et
de Reims en 1696, contre le sieur du Prime, curé de
St-Remy d'Amiens, qui le condamnait à lui demander
pardon et à mille livres de dommages - intérêts , pour
une insulte publique, et gagnait en appel comme d'a-
bus de ses sentences au Parlement de Paris, il a été
jugé sur les conclusions de M. d'Aguesseau, le 10 février 1679, qu'il n'y avait pas d'abus. »

Voilà pour les conflits entre juridictions civiles et ecclésiastiques.

Maintenant, à propos de la juridiction et de la compétence des intendances, la *Revue de législation* a publié, en 1872, sous la signature de M. R. Dareste, un document des plus curieux sur l'histoire de notre droit administratif. Il consacre complétement le principe de la séparation des pouvoirs administratif et judiciaire antérieurement à 1789, et constitue le règlement détaillé d'un véritable conflit d'attributions à cette date. Il s'agissait de la commune de Mouchin, dans la châtellenie de Lille, qui, voulant rebâtir son église, ne pouvait faire cette dépense sans autorisation. A qui devait-elle s'adresser? Était-ce à l'autorité judiciaire, représentée alors par le gouvernement de Lille, ou à l'autorité administrative, dans la personne du subdélégué de l'intendant?

Prudents, les gens de Mouchin s'adressèrent à la fois à l'une et à l'autre, de telle sorte qu'ils obtinrent ainsi deux décisions; malheureusement, le mieux est l'ennemi du bien, et tandis que l'intendant accordait l'autorisation de mettre les travaux en adjudication, le Parlement, sur conclusions conformes du procureur général, faisait défense d'obtempérer à ces dispositions. Le procureur s'était fondé sur l'incompétence de l'intendant, dont l'ordonnance présentait une véritable entreprise sur les juridictions ordinaires du ressort, attendu que l'érection ou la reconstruction des églises n'a jamais été de la compétence des commissaires provinciaux; ceux-ci n'ont aucune autorité sur l'administration des biens et autres fondations pieuses: les églises et leurs biens sont régis séparément des biens des communautés. La Cour a toujours eu la main sur

les églises et leurs revenus, ayant même réglé la forme
de régie de ces sortes de biens; les comptes de l'administration ont toujours été rendus par-devant les officiers de justice ordinaire, à l'intervention et sous la surveillance de la partie publique; la jurisprudence de la
Cour fourmille d'arrêts qui ont toujours prononcé dans
ce sens. Telles étaient les prétentions de l'autorité judiciaire. L'intendant de Lille y trouva un excès de pouvoir, une atteinte portée à ses attributions et il en écrivit à son supérieur immédiat, le ministre. A son tour,
M. Esmangard, l'intendant, formulait ses griefs. « Les
principes d'incompétence, dit-il, soulevés par le procureur général sont inapplicables à l'espèce présente; il
ne s'agit pas de biens d'église ou de fabrique ou de
fondation pieuse, mais de la reconstruction d'une église
paroissiale dont la dépense devait être supportée par
les habitants, et relevait des formalités administratives.
Dans le cas où cette dépense aurait dû être supportée
par la fabrique ou le décimateur, sans aliéner la communauté, l'autorisation du subdélégué eût été inutile,
et au contraire l'autorité des juges ordinaires possible;
mais ici il s'agit de dépenses acquittées sur les revenus
de la commune, par voie d'impositions ou d'emprunts;
or les moyens exigent l'autorisation du commissaire
départi qui seul surveille et règle l'emploi des revenus
communaux, autorise ou propose les impositions ou les
emprunts; jamais ces autorisations n'appartiennent
aux juges ordinaires; donc la connaissance de la matière appartient à l'intendant seul, et le gouvernement
était incompétent pour y statuer. En conséquence, disait l'intendant, il me paraît nécessaire que le Conseil
(le Conseil du roi, supérieur commun des deux autorités en lutte) impose son autorité pour faire connaître

au Parlement son excès de pouvoir ; cela est nécessaire à cause des conséquences. Si l'on donnait gain de cause au Parlement, toutes les autres communautés, le cas échéant, s'en rapporteraient aux juges ordinaires pour l'emploi de leurs revenus et le jugement de leurs contestations ; ce serait dépenser ces revenus en frais de procédure et fournir aux contribuables le moyen de s'exempter ou de différer le paiement des impositions établies à la faveur des formes judiciaires et des délais qui en sont la suite. » Deux mois plus tard, le ministre, faisant droit à la demande, que nous pourrions déjà qualifier d'arrêté de conflit, faite par l'intendant, lui envoyait l'arrêt du Conseil suivant :

Sa Majesté a reconnu que les principes sur lesquels se repose la défense du procureur général sont inapplicables à la nature et aux circonstances de l'espèce ; Sa Majesté a vu avec surprise que dans le réquisitoire donné par son procureur général, ce magistrat avait observé que l'érection ou le rétablissement des églises n'avait jamais été de la compétence des commissaires départis dans les provinces ; qu'ainsi la défense portée par l'arrêt du Parlement de Flandres est contraire aux principes, à l'usage, aux intérêts mêmes des communautés et attentatoire à l'autorité de Sa Majesté, et qu'il est de sa sagesse de réprimer une pareille entreprise ; à quoi voulant pourvoir ; vu, etc.; le Roi étant en son Conseil... a cassé et annulé, casse et annule l'arrêt du Parlement de Flandres du 4 février dernier, et tout ce qui a pu s'en suivre ; ordonne que l'ordonnance de l'intendant sera exécutée suivant sa forme et teneur ; fait défense aux officiers de la gouvernance de connaître de ce qui aura rapport à la reconstruction de l'église de Mouchin.

Cet arrêt, en date du 8 juillet 1789, fut envoyé à M. Esmangard, intendant, le 24 août suivant ; déjà les événements politiques se précipitaient et l'intendant écrivit qu'il suffisait que le Conseil eût reconnu les principes mis en jeu dans cette affaire, mais qu'il paraissait sage de s'en tenir là et de ménager l'autorité. Quoi qu'il en soit, la lutte avait été sérieuse, la revendication énergique et le résultat déterminé et limité de telle façon que l'autorité administrative l'avait emporté sur l'autorité judiciaire. Le conflit avait été élevé de suite, discuté, jugé et résolu. Il en était ainsi à cette époque dans toute discussion sur la compétence des différentes autorités; il y avait alors un supérieur commun dont le pouvoir absolu permettait de juger le différent.

---

## CHAPITRE II.

### Législation des conflits depuis 1789 jusqu'à la loi de 1872.

La révolution de 1789 entraîna la chute de tous les tribunaux administratifs dont nous avons parlé, pour établir plus distinctement et plus énergiquement, voire même sous la sanction de pénalités sévères, l'application du grand principe de la séparation des pouvoirs.

Pour bien faire connaître et le plus rapidement possible, les phases diverses que les conflits ont eu à traverser jusqu'à la législation actuelle, nous n'avons qu'à reproduire presque textuellement le rapport fait par M. de Cormenin au nom de la commission de l'ordonnance du 1er juin 1828.

Les lois et instructions des 14 décembre et 28 septembre 1789 déterminèrent les fonctions des administrateurs de département et de district, et des municipalités. L'article 7, section 3, de la loi du 22 décembre 1789 porte que « les administrateurs de département et de district ne pourront être troublés dans l'exercice de leurs fonctions administratives par aucun acte judiciaire ».

La loi du 16 août 1790, relative à la constitution des assemblées primaires et administratives avait décrété : « Les fonctions judiciaires sont distinctes et demeureront toujours séparées des fonctions administratives. Les juges ne pourront, à peine de forfaiture, troubler de quelque manière que ce soit les opérations des corps administratifs, ni citer devant eux les administrateurs à raison de leurs fonctions. » (*Tit. II, art. 13.*)

La loi du 11 septembre, même année, sur l'organisation judiciaire, attribua, en matière de contributions indirectes au Directoire du district, sauf appel à celui de département : 1° le jugement des contestations en matière de contributions ; 2° le règlement des indemnités à raison des terrains pris ou fouillés pour les usages publics ; 3° l'administration en grande voirie.

La loi du 5 novembre 1790 voulut que la demande en paiement des sommes dues à l'État ou par l'État, ne pût être intentée que par ou contre les commissaires du Gouvernement près les administrations, et que les tribunaux n'en connussent qu'après qu'elle aurait subi l'examen des corps administratifs.

Mais il ne suffisait pas que, pour prévenir la renaissance des désordres enfantés par la confusion des deux pouvoirs, l'Assemblée constituante leur eût dit : « Marchez indépendants l'un de l'autre, et soyez toujours divisés pour être unis » ; il fallait maintenir cette indépendance ; il fallait accorder des garanties à l'autorité administrative. Ces garanties, conditions nécessaires de son existence, devaient couvrir la personne des fonctionnaires et les matières de la fonction.

L'Assemblée crut combler la lacune par la loi des 7-14 octobre 1790. Un débat s'étant élevé sur une question de voirie devant le bailliage de Gray, entre la municipalité de cette ville et le Directoire du département, l'Assemblée décida : « Que les réclamations d'incompétence à l'égard des corps administratifs ne sont en aucun cas du ressort des tribunaux, qu'elles doivent être portées au roi, chef de l'administration générale..... Que le roi serait prié de donner les ordres nécessaires pour l'apport de la procédure commencée au bailliage de Gray, pour être sur ladite procédure statué ce qu'il appartiendrait. » Le décret réserva, pour le cas où l'on prétendrait que les ministres auraient fait rendre une décision contraire aux lois, le droit d'en référer au Corps législatif. Il restait à régler les modes, les cas, les limites, la procédure du conflit ; la Constituante et la Législative n'eurent pas le temps de les fixer ; mais la Convention arriva : « Elle regarda autour de soi, et se trouvant seule, elle réunit dans son faisceau de dictateur tous les pouvoirs du législateur, de l'administrateur et du juge. »

Ce furent ses comités qui statuèrent sur les conflits en annulant et cassant les décisions qui paraissaient contraires au principe de la séparation des pouvoirs qu'elle-même méconnaissait si ouvertement. (*D. 21 prairial an II, 15 pluviôse et 1er fructidor an III.*)

Alors parut la fameuse loi du 16 fructidor an III, qui porte : « La Convention décrète qu'elle annule toutes procédures et jugements intervenus dans les tribunaux judiciaires contre les membres des corps administratifs et comités de surveillance, sur réclamations d'objets saisis, de taxes révolutionnaires, et d'autres actes administratifs émanés desdites autorités pour l'exécution des lois et arrêtés des représentants du peuple en mission, ou sur répétition des sommes et effets versés au trésor public. Défenses itératives sont faites aux tribunaux de connaître des actes administratifs de quelque nature qu'ils soient, aux peines de droit. » Défenses qui furent renouvelées dans l'article 184 de l'acte constitutionnel ; puis, conciliant enfin le respect dû aux décisions de la justice avec l'indépendance de l'administration, la loi du 21 fructidor an III décida que, « en cas de conflits d'attributions entre les autorités judiciaires et administratives, il serait *sursis* jusqu'à décision du ministre, confirmée par le Directoire exécutif, qui en référerait, *s'il était besoin,* au Corps législatif, le Directoire étant tenu dans le cas de prononcer dans le mois. » (*Art. 23.*)

Le conflit s'établissait alors de quatre manières : soit par la revendication formelle des administrations centrales, soit par leurs défenses d'obtempérer aux jugements des tribunaux, soit par la contrariété des décisions administratives et judiciaires, soit par la dénonciation des procédures et jugements au ministre de la justice. (*V. Arr. 24 messidor an V et autres*). Il y a peu d'exemples que le Directoire en ait référé, pour la décision du conflit, au Corps législatif.

D'après M. Taillandier, le référé ne se présenta qu'une fois, le 2 prairial an VII, relativement à un conflit élevé entre l'administration de la marine et le juge de paix de Rochefort à l'occasion d'une apposition de scellés sur les effets de deux marins. En en référant au Conseil des Cinq-Cents, le Directoire se fondait sur l'ordonnance de 1765 qui attribuait aux intendants de la marine le droit de faire apposer les scellés. Conformément à l'opinion du Conseil, le ministre proposa et le Direc-

toire décida le renvoi de la résolution au ministre de
la marine. Si le Directoire se montra si peu empressé
à exposer des référés au Conseil des Cinq-Cents, c'est,
dit-il dans un arrêté du 16 floréal an III, « que les référés ne doivent être transmis au Conseil des Cinq-Cents
que lorsqu'ils présentent de véritables doutes à éclair-
cir, des questions proprement dites à résoudre et qu'il
est du devoir du Directoire exécutif de ne pas se rendre
l'intermédiaire de référés qui ne présenteraient aux législ-
lateurs rien qui fût digne de leur attention; la décision
des conflits est laissée au Corps législatif ou, *dans les
cas qui n'exigent point une interprétation de la loi*, au
Directoire exécutif. » Ce fut pour lui un instrument de
défense contre des attaques qui, sous prétexte de litiges
judiciaires, s'adressaient indirectement au système de
gouvernement, et alors au sein même du Corps législ-
latif on essaya d'enlever cette arme au Directoire. L'article 254 de la Constitution, disait-on, charge le Tribunal de cassation de statuer sur les règlements de juges
et l'article 263 impose au Directoire l'obligation de
dénoncer les excès de pouvoir; dès lors, l'article 27 du
21 fructidor an III était inconstitutionnel. M. Merlin,
en établissant la distinction juridique entre le règlement de juges et le conflit d'attributions, démontra
également que le Tribunal ne pouvait être chargé des
conflits, puisqu'au contraire la Constitution en avait
confié le règlement au Gouvernement, sous le contrôle
du pouvoir législatif. Rapporter cette prérogative était
frapper le Gouvernement d'impuissance. Le législateur
passa à l'ordre du jour (*18 floréal an V*).

C'est un spectacle digne de remarque que le tableau
des conflits sous le Directoire. — Les uns ont un objet
politique, celui de secourir les acquéreurs de biens

nationaux contre les entreprises des tiers, et de surveiller la rentrée des proscrits; les autres ont un but administratif, celui de protéger la personne des agents secondaires du pouvoir et leurs actes contre les entreprises des juges. — D'autres enfin ont un intérêt fiscal, celui de garantir la sûre et facile perception des contributions, la levée des réquisitions, l'exécution des marchés de fournitures et les liquidations des créances poursuivies contre le trésor public.

Le Consulat ne pouvait abandonner de telles armes, mais au lieu de confondre dans les mêmes mains l'administration publique et le jugement du contentieux administratif, la Constitution du 22 frimaire an VIII venait de confier au Conseil d'État la rédaction, sous la direction des consuls, des projets de loi, des règlements d'administration publique et la résolution des difficultés qui s'élèvent en matière administrative (*art. 52*). L'article 11 de l'arrêté du 5 nivôse an VIII déféra au Conseil d'État le droit de prononcer, d'après le renvoi qui lui serait fait par les consuls, sur les conflits qui pourraient s'élever entre l'administration et les tribunaux. Quant aux règles sur les limites du conflit et le mode de l'élever et de le juger, elles furent en partie déterminées par l'arrêté du 13 brumaire an X, qui conféra aux préfets le droit d'élever le conflit, soit sur la dénonciation des commissaires du Gouvernement près les tribunaux, soit d'office, le Conseil d'État étant chargé de régler le surplus.

Par décret du 15 janvier 1813, la commission du contentieux établit que le conflit ne pouvait pas être élevé après des contestations terminées par des jugements ayant acquis l'autorité de la chose jugée. Un décret du 6 janvier 1814 expliqua qu'il fallait entendre par chose jugée, la chose irrévocablement jugée par l'expiration du délai du pourvoi en cassation.

Sous la Restauration, l'ordonnance du 29 janvier 1814 chargea le comité du contentieux de connaître des conflits que le Conseil d'État, par avis du 19 janvier 1813, avait considérés comme rentrant dans le contentieux administratif. A propos d'un droit d'enregistrement que l'administration des domaines prétendait percevoir sur une ordonnance annulant un conflit, le Conseil d'État, par avis du 6 février 1821, établit que : « 1° les conflits ne forment pas une contestation entre particuliers, mais entre les autorités publiques, administrative et judiciaire qui, chacune, revendiquent la même affaire ou refusent de la juger ; 2° que dans ces débats il ne s'agit ni d'intérêts privés, ni de l'application des lois civiles, mais du maintien de l'ordre public et de l'exécution des lois constitutionnelles ; 3° qu'aussi le Conseil d'État a seul le droit de déférer à son examen l'arrêté de conflit ; 4° que ces affaires sortent tellement de la classe des procès que, jusqu'en 1813, elles ont été instruites et décidées sans le concours des parties, sans qu'elles aient pu prendre part à la discussion, ou former opposition aux décisions rendues ; que si, depuis, on a admis les observations des parties, c'est afin seulement d'obtenir des renseignements ; qu'il est donc évident que le droit de prononcer sur les conflits entre l'administration et les tribunaux est une des prérogatives de la puissance royale dont l'objet est de maintenir la division des pouvoirs, et par conséquent que les ordonnances sur cette matière sont des actes de haute administration qui ne peuvent être assimilés à des arrêts ni passibles d'enregistrement. » En conséquence, le comité du contentieux fut conduit à reconnaître qu'il devait procéder à l'instruction du jugement des conflits dans les formes administratives, sans l'intervention des avocats. Le conseil des avocats réclama. Les comités de législation et du contentieux maintinrent la décision.

L'ordonnance du 12 décembre 1821 détermina les délais dans lesquels les préfets devaient transmettre leurs arrêtés de conflits à l'administration centrale, les procureurs du roi envoyer les pièces de l'instance judiciaire et les parties fournir leurs observations. Si, les délais passés, aucune observation n'était présentée, il devait être passé outre sans qu'il pût y avoir lieu à opposition ou à révision. Ainsi l'exercice du conflit fut régularisé. « Bientôt, sous prétexte de liaison avec des questions accessoires de contributions, les questions de capacités électorales furent déférées à l'autorité administrative, et cela dans le but évident et avoué de restreindre l'exercice des droits électoraux, contrairement à l'esprit de nos institutions. (M. BOULATIGNIER, v° *Conflits*.) L'opinion publique se souleva, les esprits s'irritèrent, les reproches s'accentuèrent, et l'administration, de plus en plus impopulaire, vit mettre en discussion ses droits les moins incontestables sur les conflits. Un des premiers actes du ministère de Villèle-Portalis fut de nommer une commission de neuf membres, tous recommandables par leurs lumières et leur position dans la magistrature, le Conseil d'État ou le barreau, pour étudier, proposer et rédiger les dispositions nécessaires ou utiles au maintien de la chose jugée, sans porter atteinte à l'indépendance de l'administration. La commission rédigea des propositions qui ne donnèrent lieu qu'à une ordonnance, celle du 1er juin 1828, qui régit encore la matière. Ce régime ne fut pas altéré par les ordonnances du 12 mars 1831 et du 18 septembre 1839, qui n'avaient pour objet que de mettre le mode de procéder sur les conflits en harmonie avec l'organisation nouvelle donnée au Conseil d'État ; mais comme dans ce système, en fait, c'était du Conseil d'État qu'émanaient les décisions de conflits, le Conseil, tel qu'il était constitué, était l'autorité administrative, et, en réalité, cette autorité était juge et partie au débat. Aussi les défiances, les jalousies persistèrent et les dissentiments se traduisirent en une opposition absolue de jurisprudence au détriment de l'unité de législation.

Pour obvier à cet état dangereux, la Constitution de 1848 institua un tribunal spécial pour le règlement des conflits, en rappelant par son article 19 que *la séparation des pouvoirs est la première condition d'un gouvernement libre.* Cette institution, complétée dans son organisation par le règlement d'administration publique du 26 octobre 1849, les lois du 9 mars 1849 (*art. 64*) et du 4 février 1850, faisait l'essai d'un tribunal mixte composé de quatre conseillers d'État et de quatre conseillers à la Cour de cassation, sous la présidence du ministre de la justice ou, à son défaut, du ministre de l'instruction publique. « Le *Tribunal des conflits,* comme on l'appela, rendit de sérieux et d'utiles services ; il s'est montré l'interprète impartial et éclairé des lois de compétence ; les prérogatives du Gouvernement ont trouvé en lui le gardien le plus vigilant, et, sans se laisser jamais égarer par le sentiment exagéré de ses droits et de sa force, il a su imprimer à ses décisions assez d'autorité pour les faire accepter à titre d'actes régulateurs..... Le Conseil d'État et la Cour de cassation se sont, comme par l'effet d'un commun accord, tenus pour réciproquement liés par les arrêts du Tribunal des conflits, et les dissidences ont cessé sur tous les points qu'il a réglés. » (DUFOUR.) Cependant, il n'a pas

pas trouvé grâce devant les événements de 1852, et l'Empire ramena l'institution des conflits à l'ordonnance de 1828. Aux termes de l'article 1ᵉʳ du décret organique du 25 janvier 1852, le Conseil d'État proposait les décrets qui statuent sur les conflits d'attributions dans les limites.

Le gouvernement républicain de 1870 a d'abord dissous le Conseil d'État, et l'a remplacé par une commission provisoire qui a eu ainsi à statuer sur les conflits; et plus tard, comme en 1848, on a créé un nouveau Tribunal des conflits; c'est l'œuvre de la loi du 24 mai 1872 que nous allons étudier maintenant.

La loi du 24 mai 1872 sur la réorganisation du Conseil d'État a rétabli le Tribunal des conflits; elle a remis en vigueur (*art.* 27) la loi du 4 février 1850 et le règlement du 28 octobre 1849 sur le mode de procéder devant le Tribunal des conflits; mais quant aux conflits eux-mêmes, ils sont réglés par l'ordonnance du 1ᵉʳ juin 1828.

# DEUXIÈME PARTIE

## DES CONFLITS POSITIFS.

Le conflit est la lutte qui s'élève entre deux autorités à l'occasion de leur compétence. Si la lutte a lieu entre deux autorités du même ordre, par exemple, entre deux tribunaux de première instance, il y a *conflit de juridictions*. Si la lutte a lieu entre deux autorités d'ordres différents, entre l'autorité judiciaire et l'autorité administrative, il y a *conflit d'attributions*. En outre, le conflit d'attributions est dit *positif* si les deux autorités, au nom de leur compétence, réclament la connaissance du litige; au contraire, si elles se déclarent l'une et l'autre incompétentes, le conflit est dit *négatif*.

En fait, le conflit positif constitue pour l'autorité administrative un moyen spécial de se défendre contre les empiétements possibles de l'autorité judiciaire, et de maintenir l'ordre entre les pouvoirs par la revendication d'un litige au nom des principes constitutionnels; à son égard, nous nous proposons d'examiner :

1° Par qui le conflit peut-il être élevé?

2° En quelles formes et dans quels délais le conflit doit-il être élevé?

3° A quelles conditions et dans quels cas le conflit peut-il être élevé?

4° Quel est le caractère et quels sont les effets de l'arrêté de conflit?

5° Comment et dans quels délais le conflit est-il jugé?

6° Quels sont les effets des décisions sur conflits?

# CHAPITRE PREMIER.

## Par qui le conflit peut-il être élevé ?

Nous l'avons vu dans l'historique des conflits, avant
l'ordonnance de 1828, l'arrêté du 13 brumaire an X,
par son article 4, investissait exclusivement le préfet
du département du droit d'élever le conflit; mais, sous
l'Empire, les conseils de préfecture ont élevé des conflits et les ministres eux-mêmes ont souvent déféré au
Conseil d'État les jugements et arrêts qui paraissaient
empiéter sur l'administration.

La commission de l'ordonnance du 1<sup>er</sup> juin 1828 se
réunit et, « *sans se prononcer sur le fond du débat, dut,
en se conformant aux termes de son mandat, laisser aux
préfets un droit qu'ils tiennent de l'arrêté du 13 brumaire an V, et qui ne pourrait ne leur être enlevé que
par une loi* » (TAILLANDIER); et, en effet, les articles 6
et suivants de l'ordonnance du 1<sup>er</sup> juin 1828 ont investi
le préfet du droit exclusif d'élever le conflit :

Art. 6. Lorsqu'un préfet estimera que la connaissance d'une
question portée devant un tribunal de première instance est
attribuée par une disposition législative à l'autorité administrative, il pourra, alors même que l'administration ne serait pas en
cause, demander le renvoi de l'affaire devant l'autorité compétente. A cet effet, le préfet adressera au procureur, un mémoire, etc.

Art. 8. Si le déclinatoire est rejeté, dans la quinzaine de cet
envoi (*art.* 7) pour tout délai, le préfet du département, s'il
estime qu'il y ait lieu, pourra élever le conflit. Si le déclinatoire
est admis, le préfet pourra également élever le conflit, etc.

D'où il faut conclure que ce privilége n'appartient
plus ni au Conseil d'État, ni au Tribunal des conflits

qui, loin de faire partie de l'administration active, est juge à la fois de l'autorité judiciaire et de l'autorité administrative (*Ord. 17 mai 1812*);

Ni aux conseils de préfecture (*D. 23 janv. 1814 et 9 avril 1817*);

Ni aux commissaires de marine (*Ord. 24 prairial an XI*).

Cette décision de la commission de 1828 n'avait pas été prise sans débats ; un instant on avait pensé à conférer le droit du conflit aux procureurs généraux, en invoquant leurs connaissances juridiques, leur impartialité et leurs attributions mêmes qui leur permettent de se pourvoir en cassation contre les arrêts de la cour.

Il semble, disait-on, que la séparation des pouvoirs pourrait être revendiquée avec les mêmes droits et prérogatives par l'autorité judiciaire contre l'autorité administrative; ce droit existait avant 1789.

Aujourd'hui, il n'en est plus ainsi ; on a considéré que l'autorité judiciaire n'est pas véritablement active ; elle se borne à statuer sur les contestations qui lui sont soumises, et le conflit étant un moyen spécial accordé à l'administration pour se défendre contre les empiétements de l'autorité judiciaire, l'administration doit être représentée dans cet acte de revendication par un de ses agents; elle ne pouvait l'être mieux que par le préfet, puisque seul il a le droit d'exercer toutes les actions qui appartiennent à l'État.

Enfin, il n'y a pas d'exemple d'empiétement de cette nature par les agents administratifs qui, par leur caractère amovible, sont toujours sous le coup de leur responsabilité, et supporteraient bientôt les suites de leurs excès de pouvoir par une révocation immédiate, tandis que l'autorité judiciaire, retranchée derrière son inamovibilité et son irresponsabilité, pourrait élever le conflit en tout arbitraire et impunité. (*Ord. 3 juill. 1822; C. d'État 22 déc. 1811.*)

C'est donc le préfet qui a le droit d'élever le conflit; il est le seul agent désigné par la loi.

En vain, on a remarqué la supériorité hiérarchique des ministres sur les préfets, et on s'est demandé plus spécialement à leur égard, s'ils pouvaient élever le conflit d'autant plus que, du moment où le ministre y invite un préfet, « cette invitation est naturellement considérée comme un ordre contre lequel le droit d'observation existe, mais auquel en définitive on est tenu d'obtempérer ». (BOULATIGNIER.) Les ministres ne sont-ils pas investis de la plénitude de l'administration active? Quand le subordonné peut, *à fortiori* le supérieur devrait pouvoir. A notre avis, le système de l'ordonnance de 1828 n'est pas conforme à cette solution qui, après deux ordonnances favorables du Conseil d'État, en date du 6 janvier 1807 et 25 janvier 1807, a été abandonnée et que la loi de 1872 a également tenue sous silence. Les ministres pourront adresser une invitation, donner un ordre au préfet; mais rien de plus.

De même, le préfet ne peut être contraint d'élever le conflit par l'intervention d'un particulier. Sans doute, lorsque les conflits étaient assimilés aux affaires contentieuses proprement dites, le Conseil d'État a pu décider « qu'un particulier, auquel le préfet a refusé d'éle-« ver le conflit, peut, s'il croit que ce refus lui porte « préjudice, se pourvoir devant le ministre, sauf recours « au Conseil d'État ». (*6 déc. 1820, 17 juin 1809, 29 déc. 1810.*) Mais l'avis des comités de législation et du contentieux du 18 janvier 1821 a renversé cette jurisprudence et rétabli la vraie doctrine, d'après laquelle

« les conflits sont des actes de haute administration,
« conservant ce caractère même lorsque les parties ont
« été entendues ». (*Voir* Sirey, *année 1821, 2ᵉ partie,
p. 89.*) Donc pas de recours contre le refus du préfet.

Nous n'accordons pas davantage à un particulier le
droit d'*inviter* le préfet à élever le conflit ni d'en référer au ministre pour le prier d'adresser des injonctions
officielles à son subordonné. « Dans ces affaires, dit
« l'avis du 18 janvier 1821, il ne s'agit ni d'intérêt
« privé, ni de l'application des lois civiles, mais du
« maintien de l'ordre public et de l'exécution des lois
« constitutionnelles. » Le conflit est donc laissé au pouvoir discrétionnaire de l'agent administratif et les parties n'ont qu'un moyen pour éviter la juridiction judiciaire, c'est de proposer, comme parties, l'exception
d'incompétence en vertu des articles 168 et 5 du Code
de procédure civile.

Maintenant, quels préfets ont le droit d'élever le conflit ? Que penser, par exemple, du préfet de police à
Paris et des préfets maritimes ?

Avant l'ordonnance de 1828, c'était l'arrêté du 13
brumaire an X qui avait conféré le droit d'élever le
conflit au « *préfet du département* », et cette dénomination avait fait juger que par cela même le préfet de
police était exclu. Une ordonnance du 29 mai 1822
lui refusa ce droit qui n'était pas compris dans ses attributions fixées par l'arrêté du 12 messidor an VIII.
C'était rompre avec les décisions rendues le 16 frimaire
an XIV, 12 décembre 1806 et 5 août 1809. Aussi le
23 novembre suivant, le comité de législation,

Considérant cette ordonnance du 29 mai comme fondée sur
une erreur de droit, et attendu que le préfet de police à Paris
est chargé d'une partie de l'administration départementale ; qu'il

présente son budget et ses comptes particuliers au conseil général ; qu'il préside le conseil de préfecture pour les affaires contentieuses de ses attributions ; qu'il exerce ses fonctions sous l'autorité immédiate des ministres, — proposa « de ne point priver des droits qui lui compètent, une magistrature si nécessaire et de déterminer en ce point les attributions respectives des deux préfets de police et de la Seine ».

Conformément à cet avis, une ordonnance du 18 décembre 1822 déclara :

Vu la loi du 28 pluviôse an VIII, les arrêtés des 12 messidor an VIII, 3 brumaire an IX et 13 brumaire an X et l'ordonnance du 12 décembre 1821 ;

Considérant que le préfet de police de Paris est chargé d'une partie de l'administration départementale et qu'il exerce ses fonctions sous l'autorité immédiate des ministres ;...

Art. 1er. Les dispositions de l'article 4 de l'arrêté du 13 brumaire an X, qui autorisent le préfet à élever le conflit entre deux autorités, sont déclarées communes au préfet de police de Paris ; en conséquence, il élèvera le conflit dans les affaires qui, étant par leur nature dans la compétence de l'administration, sont placées dans ses attributions.

Au sein de la commission de 1828 on essaya, mais en vain, de lui enlever ce droit, et quant à l'ordonnance du 1er juin 1828, elle prévint les difficultés en se servant des mots « un préfet » ou « le préfet » dans son article 6. (*Ord. 2 août 1823, 1er sept. 1825, 27 déc. 1826, 17 déc. 1834, 18 juill. 1838, 2 juin 1853.*) Dans la pratique, ce droit d'élever le conflit n'est plus contesté au préfet de police.

Toutefois, on doit se demander si le préfet de police partage ce droit d'élever le conflit concurremment avec le préfet de la Seine. Nous ne le pensons pas. Nous n'invoquerons pas en faveur de cette solution l'arrêt du 18 avril 1821, antérieur à l'ordonnance de 1822 ; mais nous aviserons en quelles circonstances cette ordonnance est intervenue; c'est sur l'avis des comités de législation et du contentieux qui considéraient que, s'il importe au bien du service public de ne point priver une magistrature spéciale des droits qui lui compètent, il n'est pas moins nécessaire de déterminer en ce point les attributions *respectives* des deux préfets *pour qu'il ne s'établisse point entre eux une concurrence dont l'intérêt public et particulier pourrait souffrir.* Il nous semble donc évident que l'ordonnance, se conformant à cet avis, a voulu éviter la concurrence de deux préfets. Elle a déclaré communes au préfet de police les dispositions de l'arrêté de brumaire, en divisant le département de la Seine en deux sections; chaque préfet a ses attributions respectives et peut élever le conflit sur les affaires susceptibles de lui être attribuées.

L'ordonnance de 1828 ne s'est pas prononcée à l'égard des préfets maritimes. Que faut-il en conclure?

Les préfets maritimes, établis par l'arrêté consulaire du 7 floréal an VIII, supprimés par l'ordonnance du 29 novembre 1815, rétablis par celle du 27 décembre 1826, dirigent en chef chaque arrondissement de leur circonscription; ils relèvent directement du ministre de la marine et exercent leur autorité sur toutes les personnes attachées au service de leur arrondissement. (*Ord. du 17 déc. 1828.*)

De l'an VIII à 1815, le droit d'élever le conflit ne leur fut pas contesté. (*Arr. 24 prairial an XI; D. 14 fructidor an XII, 17 ventôse an XIII, 23 avril 1807, 7 févr. 1809, 8 janv. 1810.*)

En 1826, les préfets maritimes ont conservé le caractère qu'ils avaient avant leur suppression; ils sont chefs d'administration; en un mot, le préfet maritime est un préfet spécial établi dans les parties du territoire où l'importance et l'étendue des services maritimes ne permettent pas de laisser le soin de ces services aux préfets ordinaires. Dans les localités où les intérêts maritimes n'ont pas cette importance, ils sont confiés aux préfets ordinaires, sous l'autorité immédiate du ministre de la marine. On peut donc considérer que l'administration, dans les départements maritimes, est partagée entre les préfets ordinaires et les préfets maritimes, comme elle l'est à Paris entre le préfet de la Seine et le préfet de police.

Le droit d'agir en ladite qualité a été reconnu au préfet maritime, en matière d'expropriation, par arrêt de la Cour de cassation du 22 décembre 1834. (SIREY, *1834, 1<sup>re</sup> partie, p. 172;* DALLOZ, *1835, 1<sup>re</sup> partie, p. 112.*)

En matière de conflits et pour les affaires intéressant spécialement la marine, la jurisprudence lui a reconnu les mêmes droits qu'aux préfets ordinaires. (*Ord. 12 févr. 1841, 30 mars 1842; Arr. C. d'État 26 juin 1852, 8 juin 1854, et notamment Ord. 23 avril 1840; Recueil 1840, p. 147.*)

Ajoutons enfin que, dans les colonies, les chefs d'administration, chacun en ce qui le concerne, ont, comme le gouverneur, le même pouvoir que le préfet en France et peuvent élever le conflit :

Ordonnance du 21 avril 1825, article 160, § 1<sup>er</sup>, pour l'île de la Réunion ;

Ordonnance du 9 février 1827, articles 176 et 177, pour la Martinique et la Guadeloupe;

Ordonnance du 27 août 1828, articles 165 et 166, pour la Guyane française ;

Ordonnance du 23 juillet 1840, articles 108 et 109, pour l'Inde ;

Ordonnance du 7 décembre 1840, articles 113 et 114, pour le Sénégal;

Ordonnance du 18 septembre 1844, articles 105 et 106, pour Saint-Pierre et Miquelon.

En Algérie, le droit commun de la métropole est appliqué, sauf quelques distinctions de délais. (*Arr. 30 déc. 1848.*)

Une fois la compétence exclusive des préfets admise, il nous reste à rechercher dans quelle limite elle s'exerce.

« Le conflit est un acte des fonctions que le préfet exerce comme représentant l'autorité publique, et dès lors il ne peut élever le conflit que dans les affaires portées devant les tribunaux du département où il remplit ces fonctions. » (*Arr. 14 avril 1839.*)

Ainsi, le préfet dans le département duquel siége le tribunal de première instance chargé d'apprécier le litige, est le seul compétent pour élever le conflit, et cela à l'exclusion du préfet dans le département duquel se trouvent les immeubles qui font l'objet du litige. (*D. 27 mai 1848 ; Arr. 28 juill. 1864 ; Recueil 1864, p. 718.*)

Le domicile des parties n'a pas plus d'influence sur la compétence du préfet. (*Ord. 17 avril 1841 ; 14 avril 1839.*)

Même dans le cas où un préfet a été investi de prérogatives extradépartementales pour suivre, par exemple, des travaux publics, il ne peut élever le conflit à l'occasion de ces travaux hors de son département. Le préfet de l'Aisne avait seul compétence pour élever un conflit dans son département à l'occasion des travaux du canal de l'Ourcq, bien que le préfet de la Seine eût pleins pouvoirs sur tous ces travaux. (*27 mai 1862 ; Recueil 1862, p. 421 ; 28 juill. 1864.*)

Considérant, dit l'arrêt, que lorsque le préfet propose le décli-natoire et élève le conflit d'attributions devant un tribunal en vertu de l'article 8 de l'ordonnance du 1er juin 1828, il agit au nom de l'autorité administrative et comme représentant de cette autorité dans le département où est le siége du tribunal ; que la circonstance que les pouvoirs du préfet de la Seine, en ce qui concerne les travaux du canal de l'Ourcq, s'étendraient jusque dans le département de l'Aisne, ne pourrait changer la règle gé-nérale établie par les dispositions ci-dessus visées.

Le préfet conserve toutefois sa compétence pour l'accomplissement complet de la mission que la loi lui confie, et il peut suivre l'affaire commencée ; ainsi, dans le cas de l'appel, le préfet du tribunal de première ins-tance a seul le droit de poursuivre le conflit (*10 août 1840, 27 mai 1848, 1er févr. 1873*), quoique la cour d'appel soit située dans un autre département que le sien. (*Recueil 1858, p. 375 et 1873, p. 51.*)

Le préfet ne peut même pas abandonner son droit pour laisser agir un de ses collègues. Ainsi un juge-ment du tribunal de Saint-Pol (Pas-de-Calais) est frappé d'appel devant la cour de Douai (Nord) : le préfet du Pas-de-Calais est seul compétent pour élever le conflit. (*Ord. 20 avril 1840.*)

En effet, aux termes de l'ordonnance du 1er juin 1828 :

Art. 6. Lorsqu'un préfet estimera que la connaissance d'une question portée devant le tribunal de première instance, etc.

Art. 8. Si le déclinatoire est admis, le préfet pourra également élever le conflit dans la quinzaine qui suivra la signification de l'acte d'appel, si la partie interjette appel du jugement.

Il en résulte que c'est le même préfet qui est chargé d'élever le conflit en première instance et en appel ; que ce préfet est celui du département devant les tri-bunaux duquel le litige a pris naissance et s'est engagé

à son origine, ce que supposent évidemment ces mots :
« le préfet du département », sans autre désignation.
La raison, comme la loi, veut qu'il en soit ainsi ; il
s'agit de terminer le litige, et nul ne connaîtra les détails de l'affaire et les intérêts de l'administration
mieux que le préfet qui a déjà pris part à la lutte.
N'est-ce pas à lui d'ailleurs que l'on devra signifier
l'acte d'appel? (*Ord. 17 avril 1841 ; Arr. C. d'État au
Recueil, 27 août 1848, p. 325 ; 18 déc. 1848, p. 680 ;
27 mai 1848 ; 15 mai 1858, p. 375 ; 1ᵉʳ févr. 1873,.
p. 51.*)

Cependant, la question peut devenir controversée
dans le cas où le conflit est élevé pour la première fois
devant l'appel.

Nous le verrons dans le chapitre suivant, la revendication administrative se traduit d'abord par un simple
déclinatoire du mémoire pour obtenir du tribunal saisi
une déclaration d'incompétence. Ce n'est que si le tribunal passe outre et se déclare compétent qu'il y a lieu
à arrêté de conflit. Or, nous supposons en l'espèce que
le déclinatoire même n'a pas été déposé. Au moment
où l'affaire vient en appel, l'administration n'a fait
aucun acte de revendication.

Le litige, par exemple, est né dans la Manche, dont
le préfet est resté inactif, soit négligence, soit incerti-
tude de son droit, soit impossibilité s'il s'agitait devant
le juge de paix ou le tribunal de commerce ; l'appel
est porté devant la cour de Caen (Calvados), et alors
l'administration, plus rigoureuse, plus sûre de son fait,
veut élever le conflit ; quel sera le préfet compétent?
celui de la Manche ou du Calvados?

Dans ce cas, dit-on, comme le préfet de la Manche
ne s'est pas encore occupé de l'affaire, il ne la connaît

pas mieux que son collègue du Calvados; il faut donc revenir à la règle du pouvoir juridictionnel de circonscription.

A notre avis, l'appel n'a rien changé aux règles de la juridiction et de la compétence territoriale, le litige ne cesse pas de se rattacher, par son origine, au département dans lequel il a pris naissance, et le préfet de ce département pourra mieux connaître les détails. Nous pensons donc, en l'espèce, que le préfet de la Manche sera compétent pour élever le conflit. (*27 mai 1848; 15 mai 1858, p. 375.*)

Enfin, restent deux hypothèses à examiner; la connaissance du litige est renvoyée, par un arrêt de la cour, à l'appréciation d'un tribunal situé dans un département autre que celui où le litige avait pris naissance. Le Conseil d'État, par arrêt du 13 mai 1861, a décidé, contrairement à la jurisprudence jusqu'alors acquise, qu'en ce cas le préfet compétent pour élever le conflit est celui du département dont dépend le tribunal primitivement saisi. La question n'a pas été posée à nouveau. (*12 août 1854; 15 mai 1858, p. 377; 13 mai 1861, p. 894.*)

Il doit en être de même lorsque, après un pourvoi en cassation, la Cour a renvoyé l'affaire devant une cour située dans un département autre que celui où se trouvent le tribunal et la cour primitivement saisis.

La jurisprudence n'a pas toujours admis cette solution, et deux ordonnances des 21 août 1845 et 24 décembre 1845 (*au Recueil, p. 425 et 601*) avaient décidé que le préfet de la cour où l'affaire avait été renvoyée pouvait élever le conflit; mais deux décisions du Conseil d'État, en date des 23 octobre 1835 et 1er juillet 1850, et surtout un arrêt formel du 13 décembre

1861, ont décidé que le préfet compétent était celui du tribunal primitivement saisi. Du moment où la jurisprudence admet que l'ordonnance de 1828 ne confère le droit d'élever le conflit qu'au préfet du département où siége le tribunal primitivement saisi, par ce motif qu'il peut mieux apprécier l'opportunité d'une intervention administrative dans une affaire qu'il connaît depuis son origine; du moment où le préfet du département où siége la cour n'a pas le pouvoir d'élever le conflit, il importe peu que cette cour soit compétente, à raison de ce que le tribunal primitivement saisi était dans son ressort ou à raison du renvoi par la Cour de cassation.

L'effet de l'arrêt de cassation est de remettre les parties au même état qu'avant la décision cassée, qu'il faut désormais considérer comme non avenue. L'arrêt frappé d'appel est tout simplement supprimé.

Il serait singulier qu'un nouveau préfet vienne conduire une affaire étudiée par un autre, alors que cependant les préfets suivent tous les jours jusqu'au bout les actes de leur ministère, par exemple dans une affaire domaniale.

Aussi l'arrêt de 1861, « considérant que le préfet « compétent pour élever le conflit est celui du tribunal « où le litige prend naissance ; qu'aucune disposition « de l'ordonnance du 1er juin 1828 n'autorise d'excep- « tion à cette règle pour le cas où le renvoi d'une « affaire a été ordonné par la Cour de cassation », a-t-il déclaré compétent, pour élever le conflit, même après renvoi par la Cour de cassation, le préfet du département où se trouve le tribunal primitivement saisi. (*1861, au Recueil, p. 894; 12 août 1854; 29 janvier 1873.*)

# CHAPITRE II.

**En quelles formes et dans quels délais le déclinatoire est-il proposé et le conflit élevé ?**

## A. *Du déclinatoire.*

1° Quelles formalités doivent être remplies ?

Le préfet reste toujours souverain appréciateur de l'opportunité d'élever le conflit, mais « il ne peut être élevé que dans les formes et de la manière déterminées ». — Cette stipulation de l'article 5 de l'ordonnance doit être entendue avec la sage distinction qu'en a faite la jurisprudence, en ce sens que ce droit de revendication étant subordonné aux conditions imposées, l'administration doit s'y conformer sous peine de nullité, mais sans être responsable ni déchue de ses prérogatives dans le cas où l'inobservation des formes serait commise par les membres de l'autorité judiciaire.

Ainsi, lorsque le préfet jugera convenable de réclamer le renvoi d'une affaire devant l'autorité administrative, il adressera, à cet effet, au procureur de la République, un mémoire dans lequel sera rapportée la disposition législative qui attribue à l'administration la connaissance du litige.

L'obligation du déclinatoire est absolue pour le préfet ; c'est un hommage rendu à la magistrature dans le but de lui signaler la lutte au point de vue de l'ordre public. Il s'ensuit que le déclinatoire est la partie essentielle, *sine quâ non,* de la validité du conflit. (*Recueil 1850, p. 239.*)

Le préfet ne peut jamais, et sous quelque prétexte

que ce soit, s'en dispenser, quand bien même le tribunal aurait précédemment rejeté l'exception d'incompétence proposée :

1° Par les parties (*6 févr. 1846, Trib. des confl.; 7 mars 1850, 3 juill. 1850 ; 1854, p. 866*) ;

2° Ou par les ministres, parties en cause, comme chefs d'un service public (*4 avril 1845, 14 août 1837*);

3° Ou par le préfet lui-même, représentant l'État et le département (*12 juin 1850, 21 déc. 1858, 14 déc. 1872, Recueil 1850, p. 569 et 795 ; 27 nov. 1835, 9 mai 1841, 5 sept. 1842*) ;

4° Ou même par le ministère public (*3 mai 1839, 25 mars 1848, au Recueil 1856, p. 386; 1859, p. 680; 1872, p. 728 ; 1870, p. 4 ; 1850, p. 217*).

Cependant, si le préfet a proposé un déclinatoire administratif qui a été repoussé, il ne peut plus en représenter un second au nom du domaine de l'État qui se trouve en cause (*Ord. 5 juin 1838*), et, d'un autre côté, le déclinatoire, irrégulier pour cause d'incompétence territoriale du préfet qui l'a élevé, ne suffit pas pour en dispenser le préfet compétent (*18 déc. 1848*).

La nécessité du déclinatoire s'étend à toute juridiction, même en appel ; de sorte que si, en première instance, le préfet n'a pas proposé de déclinatoire d'incompétence, lorsque l'affaire est portée devant la cour, toute la procédure édictée par l'ordonnance du 17 juin 1828 doit être suivie et observée.

Longtemps le Conseil d'État exigea un second déclinatoire en appel ; il est revenu sur sa jurisprudence, et il a admis qu'il y avait là *faculté arbitraire* pour le préfet (*31 déc. 1844, 14 juin et 18 nov. 1850, Trib. des confl.; 1853, p. 616 ; 1854, p. 531 ; 1873, p. 51*), mais sans imposer cette solution comme une défense d'envoyer un nouveau déclinatoire ; au contraire, il a semblé admettre la pratique conservée par quelques préfets de renouveler le déclinatoire devant la cour d'appel. Il faut donc limiter strictement l'exception dans ses termes, et, si l'incompétence avait été admise sans déclinatoire, sur la demande des parties ou du préfet, partie au procès au nom de l'État, on doit rétablir la nécessité du déclinatoire en appel (*6 sept. 1842*).

2° En quelles formes le déclinatoire est-il proposé ?

La *forme du déclinatoire* est insignifiante, du moment où le préfet annonce à l'autorité judiciaire son intention de revendiquer pour l'administration la connaissance du litige.

Aux termes de l'article 6 de l'ordonnance, le préfet adressera au procureur un mémoire *dans lequel sera rapportée la disposition législative qui attribue à l'administration la connaissance du litige.* Ce sera donc la rédaction préférable ; mais le préfet n'est pas obligé de l'adresser directement aux juges et de leur présenter une revendication en forme, ni de produire l'exposé complet des faits en développant les moyens d'incompétence.

De simples lettres au procureur suffisent, du moment où, sans établir méthodiquement la compétence administrative, le préfet l'indique cependant avec plus ou moins de précision. (*30 déc. 1843; 12 janv. 1844.*)

Il suffit également que le préfet ait prié le procureur de proposer le déclinatoire. (*Ord. 7 avril 1843.*)

De même, on a jugé que le préfet peut se contenter de transmettre, en cas d'appel par exemple, un mémoire au procureur général contenant les moyens d'un déclinatoire, en l'invitant à proposer l'incompétence déjà reconnue en première instance, par un jugement dont la confirmation est demandée au nom de l'État. Mais une lettre annonçant qu'il va se mettre en mesure d'élever le conflit, ou priant le procureur de proposer l'incompétence du tribunal, n'a pas de valeur; ce n'est pas là l'équivalent d'un déclinatoire. (*23 août 1843, 6 et 20 février 1846.*)

3° A qui le déclinatoire doit-il être envoyé ?

« Au procureur », dit l'article 6, et dès lors l'envoi du déclinatoire n'est pas douteux en première instance : il doit être fait au procureur de la République; mais en appel, une hypothèse particulière s'est présentée : un préfet a cru pouvoir adresser son déclinatoire et son arrêté de conflit au procureur de la République au lieu du procureur général, bien que le jugement du tribunal de première instance fût frappé d'appel, parce que, disait-il, la partie appelante était une commune non autorisée; mais le défaut d'autorisation préalable n'empêchant pas la cour d'être saisie, et l'irrégularité ou la nullité de l'appel ne pouvant être prononcée que par le juge du second degré, qui reste provisoirement compétent pour le litige, le conflit fut annulé. Donc le déclinatoire doit toujours être envoyé au ministère public siégeant près le tribunal ou la cour jugeant le litige.

4° Quels sont les délais pour proposer le déclinatoire?

Le préfet n'a aucun délai défini pour présenter le déclinatoire; l'ordonnance ne pouvait le faire; elle a seulement supposé que l'instance était commencée par un acte judiciaire tel qu'une assignation; cependant le déclinatoire sera valable s'il est présenté dès l'apposition d'un acte extrajudiciaire qui annoncerait l'intention formelle d'engager la lutte; le vœu de la loi a dû être d'établir promptement le conflit pour le vider au plus tôt.

Il a même été jugé que l'envoi par le préfet du mémoire en déclinatoire antérieurement à l'assignation lancée par le demandeur, n'est pas une cause de nullité du conflit, pourvu que le ministère n'en ait donné connaissance au tribunal qu'à l'époque où l'affaire était portée devant lui par l'exploit introductif d'instance et les conclusions prises par les parties. (*1ᵉʳ mai 1875, Recueil du C. d'État, p. 409.*)

5° Une fois le déclinatoire proposé, que se passe-t-il?

Aux termes de l'article 6, « le procureur du roi fera « connaître, dans tous les cas, au tribunal la demande « formée par le préfet et requerra le renvoi si la reven- « dication lui paraît fondée ». Ainsi la transmission du déclinatoire au procureur de la République lui impose des obligations : il doit le communiquer dans tous les cas; il ne peut s'en dispenser sous aucun prétexte; par exemple, le procureur ne pourra refuser de transmettre la demande, par ce motif que le mémoire n'indiquerait pas, ainsi que l'indique l'article 6 de l'ordonnance, la disposition législative sur laquelle serait fondée la demande; l'obligation imposée au procureur de la République est surtout de soumettre le déclinatoire au tribunal, mais ses conclusions restent indépendantes; il peut donner son avis favorable ou non au renvoi demandé. Toutefois, cette obligation n'est soumise à aucun délai. « Le vœu des ordonnances est qu'il intervienne sur la question de compétence une décision aussi prompte que possible. » (*Circ. min., 15 déc. 1843.*) Le ministère public devra donc apporter la plus grande diligence à l'accomplissement de son devoir; s'il ne le fait pas, s'il s'abstient, et si le tribunal, ignorant les faits, statue au fond, l'action de l'autorité administrative ne sera point paralysée par l'omission volontaire ou involontaire de l'autorité judiciaire. Le déclinatoire est communiqué en audience publique, c'est-à-dire dans les formes et avec les garanties ordinaires de la publicité et de la contradiction.

La décision à rendre sur ledit déclinatoire n'est pas soumise davantage à aucun délai.

## B. *De l'arrêté de conflit.*

1° Quelles sont les formalités à remplir ?

Après que le tribunal aura statué sur le déclinatoire, le procureur de la République adressera au préfet, dans les cinq jours qui suivront le jugement, copie de ses conclusions ou réquisitions et du jugement rendu sur la compétence. — La date de l'envoi sera consignée sur un registre à ce destiné.

C'est alors que trois hypothèses pourront se présenter :

1° Ou le tribunal a admis le déclinatoire et les parties se conforment à cette décision ; alors l'administration est satisfaite et tout est terminé ;

2° Ou le tribunal a rejeté le déclinatoire en se déclarant compétent ; alors le préfet peut, s'il le juge convenable, élever le conflit ;

3° Ou le tribunal a admis le déclinatoire, mais les parties ont porté appel ; alors le préfet a un double droit : il peut, devant la cour, renouveler la procédure de première instance ou élever le conflit dans les quinze jours de la signification de l'appel (*art. 8*) sans déclinatoire préalable.

2° Quels sont les délais pour élever le conflit ?

Supposons, dans les deux derniers cas précédents, que le préfet ait reçu l'envoi du procureur de la République ou la signification de l'appel. Dans les deux cas, que le déclinatoire ait été rejeté ou que, admis, les parties interjettent appel, le préfet pourra élever le conflit dans la quinzaine qui suivra l'envoi du jugement par le procureur, ou la signification de l'appel par la partie, et le délai sera le même si le tribunal a jugé illégalement au fond. (*Art. 8, Ord. 1ᵉʳ juin 1828.*)

La jurisprudence avait d'abord décidé que, dans le cas où le déclinatoire était admis, la signification du jugement, et non pas de l'acte d'appel, faisait également courir les délais (*Ord. 3 févr. 1835, 23 oct. 1835, 5 juin 1838, 26 déc. 1832*); mais il a été décidé en sens contraire que le délai de quinzaine court du jour où le procureur a fait l'envoi du jugement qui rejette le déclinatoire (*19 nov. 1837*); et que la signification du jugement par la partie ne peut suppléer à cet envoi par le procureur. (*Ord. 8 sept. 1839.*)

Il a été décidé que dans le délai de quinzaine imparti au préfet n'était pas compris le jour de l'envoi (*23 juill. 1841; 7 août 1845*); au contraire, le dernier jour, celui de l'échéance, y est compris. Il n'y a pas lieu d'appliquer l'article 1033 du Code de procédure et d'augmenter le délai à raison des distances. L'ordonnance a accordé quinze jours *pour tout délai*.

Le délai de quinze jours doit être observé par le préfet sous peine de nullité, car les formalités prescrites par l'ordonnance de 1828 sont substantielles; mais si, par exemple, la somme des délais de l'article 7 (envoi par le procureur dans les cinq jours) et de l'article 8 (arrêté de conflit dans les quinze jours) est dépassée par la faute du procureur, le préfet peut encore élever le conflit (*au Recueil, 1850, p. 642*). Le délai ne courra qu'à partir de l'envoi par le procureur, quelque tardif qu'il soit; le délai accordé à ce magistrat n'a pas de sanction, et, s'il n'est pas observé, les droits de l'administration n'en souffriront pas; seulement, par prudence le préfet fera bien d'élever le conflit dès qu'il aura connaissance directe ou non du jugement, dont il demandera une expédition sans attendre l'avis plus ou moins dilatoire du ministère public.

Si le procureur effectue l'envoi, la date en sera consignée sur un registre *ad hoc,* et le jour inscrit sur ce registre servira de point de départ; car il fait foi pleine et entière de ses énonciations, même contre la lettre du préfet ou du procureur (*Trib. des confl. 18 avril 1850*), même contre l'inexactitude reconnue et établie des faits énoncés audit registre. (*1850, p. 367.*)

Lorsqu'il s'agit d'un appel contre le jugement admettant le déclinatoire, le délai, également d'une quinzaine, court à partir de la signification, et cette signification, quoique l'ordonnance ne la prévoie pas, doit être faite au préfet par l'appelant. (*30 août 1847.*)

Le registre destiné à consigner l'envoi doit mentionner et constater les dates : 1° de l'envoi du déclinatoire par le préfet; 2° de sa communication au tribunal; 3° de l'envoi du jugement au préfet; 4° de la signification de l'acte d'appel; 5° du dépôt de l'arrêté de conflit; 6° de la communication de l'arrêté au tribunal; 7° des réquisitions à sursis et du jugement postérieur; 8° du rétablissement des pièces au greffe; 9° de l'avis donné aux parties; 10° de la remise des observations au parquet par les parties; 11° de l'envoi au ministère de la justice. (*Circ. min. 5 juill. 1828.*)

L'envoi du procureur doit comprendre, non-seulement le jugement, mais encore copie des conclusions ou réquisitions du ministère public; il suffit qu'elles soient copiées textuellement dans le jugement. (*28 janv. 1848, 25 nov. 1852.*)

Quand pourra-t-on dire que le déclinatoire est rejeté,

c'est-à-dire que l'arrêté du conflit est possible? Il n'y a pas de difficulté si le tribunal a mentionné le déclinatoire qu'il rejette ou si, le procureur de la République ne l'ayant pas communiqué, le tribunal n'a pas encore statué au fond. Mais si, par omission ou malgré la communication du ministère public, le tribunal a jugé au fond sans mentionner le déclinatoire, le préfet peut le considérer comme rejeté et pourra élever le conflit (*au Recueil 1850, p. 325 et 541*) du moment où la communication du déclinatoire résulte des conclusions du procureur. (*1852, p. 62.*)

De même, si le tribunal repousse le déclinatoire comme tardif ou irrégulier, le résultat que veut obtenir l'ordonnance est obtenu; l'autorité judiciaire est avertie et le préfet peut élever le conflit. Il y aurait conflit prématuré si le tribunal s'était borné à juger une question de nullité pour ajourner la question de compétence. (*8 nov. 1819.*)

3° Comment l'arrêté de conflit doit-il être rédigé?

Dans tous les cas, dit l'article 9, l'arrêté par lequel le préfet élèvera le conflit et revendiquera la cause devra viser les jugements *intervenus* et l'appel, s'il y a lieu; la disposition législative qui attribue à l'administration la connaissance du point litigieux y sera textuellement insérée.

L'ordonnance semble indiquer une différence entre les deux actes destinés à établir la revendication administrative. Le déclinatoire est un simple mémoire; puis vient un arrêté; mais il n'y a rien de sacramentel dans cette procédure, et la jurisprudence, se montrant moins sévère que l'article semblait le demander, se contente, dans la rédaction du conflit, des dispositions générales renfermées dans les lois et arrêtés visés, sans aller jusqu'à les reproduire intégralement; elle a considéré qu'il y a un assez grand nombre de cas dans lesquels la revendication administrative la plus légitime ne s'appuie que sur les principes généraux de l'indépendance de l'autorité administrative vis-à-vis de l'autorité judiciaire. C'est ce qui arrive notamment lorsque la revendication se fonde sur ce qu'il s'agit de faire déterminer le sens et les effets d'actes administratifs. (*14 oct. 1836 et 25 févr. 1841.*)

Les énonciations inexactes ou incomplètes, tant en droit qu'en fait, n'entraînent nullement la nullité de l'arrêté de conflit, pourvu qu'il indique suffisamment la question ligitieuse dont l'administration entend revendiquer la connaissance. Nous pensons, en effet, que si la compétence administrative repose sur des dispositions législatives autres que celles invoquées par le préfet, elles confirmeront le conflit, abstraction faite de l'erreur du préfet. (*30 mars 1842; 29 juin 1842; 20 mai 1850, p. 471; 7 nov. 1850, p. 799.*)

Le Conseil d'État ayant lui-même donné l'exemple d'avoir suppléé d'office des moyens de nullité contre des arrêtés de conflit, on a étendu cette sorte de bienveillance en déclarant qu'en thèse générale le préfet ne peut pas élever de conflit par un seul arrêté sur plusieurs affaires distinctes, quoique pendantes devant le même tribunal, mais qu'il pouvait par un seul arrêté, quoique ce mode fût irrégulier en lui-même, élever un conflit sur deux ou plusieurs instances connexes (*7 janv. 1844 et 3 janv. 1851; 1874, p. 69*). Cependant, l'arrêté sera irrégulier si l'identité de juridiction, de questions et de parties n'existait pas. (*1851, p. 1.*)

On a pensé encore que l'inexactitude dans la dénomination d'une partie en cause, lorsque l'instruction ne laissait pas de doute sur le litige auquel le conflit s'appliquait ne le rendait pas annulable ; que l'arrêté, précédé d'un déclinatoire s'adressant par son intitulé à un tribunal autre que celui qui était dans l'affaire, était valable. Enfin, on s'est demandé, relativement à la rédaction des arrêtés de conflit, si les préfets peuvent étendre la revendication administrative au delà des termes du déclinatoire ; aux yeux du Conseil d'État, la revendicaton du préfet par le déclinatoire n'établit aucune limite et le conflit peut être aussi bien restreint qu'étendu. (*Ord. 1843, 9 nov.*)

---

## CHAPITRE III.

### A quelles conditions le conflit peut-il être élevé ?

1° Il faut qu'il s'agisse d'une question administrative, c'est-à-dire d'une question dont l'appréciation appartienne à l'administration ;

2° Il faut que le litige soit retenu par un tribunal civil ou une cour d'appel ;

3° Il faut que le litige ne soit pas terminé au fond.

*1° Il faut qu'il s'agisse d'une question administrative.*

L'objet du conflit positif étant d'accorder, comme disait Cuvier, un moyen au pouvoir amovible et responsable pour se défendre contre les invasions du pouvoir inamovible et irresponsable, il suit que la première condition d'existence du conflit est qu'il y ait lutte entre le pouvoir judiciaire et l'administration ; mais il faut, pour rendre le conflit utile et possible, que l'autorité judiciaire soit incompétente sur le litige; il faut aussi que l'autorité administrative y puisse voir une de ses attributions. D'un côté, il est évident que, s'il s'élevait une difficulté entre deux corps administratifs, le préfet n'aurait pas à élever de conflit, puisqu'il s'agirait de conflit de juridictions et non d'attributions; ce serait au supérieur hiérarchique de pourvoir au règlement. Ainsi dans le cas où un conseil de préfecture serait sorti des limites de sa compétence vis-à-vis du préfet, celui-ci s'adressera à son supérieur, mais n'élèvera pas de conflit. (*Arr. C. d'État 6 sept. 1820 et 24 mars 1832.*) D'un autre côté, il n'aurait pas à faire décider entre deux autorités judiciaires se disputant entre elles, quel que pût être l'intérêt de l'administration à voir se terminer le débat.

Il faut aussi que les questions en litige soient de la compétence administrative; ainsi, par exemple, un tribunal prétend retenir le règlement d'une indemnité pour expropriation d'utilité publique, le préfet ne pourra le faire attribuer au jury d'expropriation : *il serait en dehors des droits qui lui appartiennent d'après l'ordonnance du 1ᵉʳ juin 1828. (26 juin 1852, 15 déc. 1853, p. 1073; 12 mars 1863, p. 288.)*

Il faut qu'il s'agisse d'une matière administrative réservée aux décisions de l'administration et que l'autorité judiciaire prétend juger. Car, à cet égard, si le tribunal se déclarait incompétent, il n'y aurait pas de conflit; et s'il se déclare incompétent sur certaines parties, le conflit ne s'élèvera que sur les parties conservées par le tribunal. (*10 sept. 1845 et 17 déc. 1847.*)

S'il ne s'agit pas de prérogatives administratives et confiées à la garde de l'administration, le seul recours contre l'usurpation est le recours aux organes du pouvoir usurpateur. Ainsi, avant le décret de 1870 abrogeant la garantie constitutionnelle accordée aux fonctionnaires, quoiqu'il y eût dans cette garantie une prérogative constitutionnelle, dans le cas où un tribunal se fût montré disposé à apprécier si la garantie était applicable en l'espèce, le conflit ne pouvait être élevé.

Nous ne faisons qu'indiquer ici la première condition imposée pour que le conflit soit possible; en un mot, il faut que la question en litige soit de la compétence administrative; mais il est bien évident que nous ne pouvons avoir la prétention d'examiner toutes les questions qui sont de la compétence administrative et à propos desquelles le conflit peut être élevé.

### 2° *Le litige doit être déféré devant un tribunal civil ou une cour d'appel.*

Il y a là deux motifs. D'abord le législateur a voulu protéger la compétence administrative devant les juridictions de droit commun, qui font d'ordinaire l'autorité de la jurisprudence; ensuite la procédure de conflit suppose une certaine organisation qui n'est point praticable devant les autres juridictions à cause de l'intervention du ministère public. Examinons donc les différentes hypothèses d'un conflit entre l'autorité administrative et les autres juridictions telles que les juges de paix, les tribunaux de simple police, les tribunaux de commerce, les conseils de guerre militaires et maritimes, les jurys d'expropriation, les présidents jugeant en référé, etc.

*Devant les juges de paix?* Foucart a soutenu l'affirmative. D'après lui, le conflit peut être élevé, parce que certains tribunaux pourraient ainsi braver l'autorité administrative. Nous n'admettons pas cette opinion en présence de l'organisation même des conflits. Il serait impossible de suivre les formes et délais voulus, aussi bien pour élever le conflit que pour le juger. Sans parler de l'article 6 où il s'agit de contestation portée devant un *tribunal de première instance,* la pensée du législateur est manifeste. Avant l'ordonnance, les conflits avaient été élevés devant le juge de paix; mais les rédacteurs avaient incontestablement la pensée de le repousser : cela résulte du procès-verbal de M. Taillandier, secrétaire de la commission, qui déclare : « Que ce n'est point implicitement qu'elle a entendu bannir de la législation les conflits en cette matière; qu'elle s'est livrée à une controverse approfondie sur cette question et que la majorité a pensé que les cas dans lesquels les juges de paix prononcent sans appel sont trop minimes pour que le Gouvernement ait un intérêt réel à en attirer à lui la connaissance. » D'un autre côté, d'après *l'avis* qui a précédé l'ordonnance, « elle restreint les cas de conflit en ne permettant plus de l'élever, ni sur les jugements des juges de paix, ni sur les jugements des tribunaux de commerce ». Enfin, la jurisprudence a eu à se prononcer et le Conseil d'État a adopté la négative : « Considérant qu'il n'y a lieu au conflit que lorsque le tribunal de première instance est saisi de l'appel interjeté d'une sentence des juges de paix, puisque c'est alors seulement que peuvent être accomplies les formalités prescrites par les articles 5, 6, 7, 12, 13, 14 et 15 de ladite ordonnance. » On a encore trouvé là une restriction, la question ne roulant dans l'espèce que sur des dommages-intérêts, mais une ordonnance du 3 juillet 1846 a nettement annulé un conflit élevé devant un juge de paix : « Attendu que le conflit ne peut être élevé devant le tribunal de simple police. »

*Devant le tribunal de simple police.* Tels sont les termes du dernier arrêté que nous venons de citer et de la jurisprudence postérieure; c'est que si devant cette juridiction il existe un ministère public (*art. 144, C. instr. crim.*), l'ordonnance n'a employé que les termes de *première instance* (*art. 6*), de *police correctionnelle* et de *procureur du roi.* Elle a donc entendu parler du véritable ministère public, les procureurs de première instance et procureurs généraux; d'ailleurs, comment remplir les formalités et faire tenir les registres prescrits par l'ordonnance avec des maires et des adjoints de village? Enfin, ces tribunaux ne peuvent condamner en dernier ressort qu'à une peine de 5 fr. d'amende (*art. 172, C. instr. crim.; 16 juill. 1846*).

Quant *aux tribunaux de commerce,* « l'ordonnance « de 1828 ne peut s'y appliquer, puisque près d'eux il « n'existe pas de ministère public et ce n'est que de-« vant la cour, sur l'appel, que peuvent être accomplies « les formalités prescrites par les articles 6, 7, 12, 13 « et 14 de ladite ordonnance ». (*Ord. 29 mars 1832.*)

Dès lors il faut conclure que ce n'est pas la matière commerciale qui empêche le conflit, mais l'organisation des tribunaux consulaires, de telle sorte qu'une instance commerciale soumise à un tribunal de première instance peut donner lieu à un conflit.

*Les jurys d'expropriation?* Il nous semble préférable de décider que le conflit ne peut pas être élevé devant eux. Il arrivera certes que des particuliers expropriés demanderont au jury la suppression de certains travaux ou l'exécution de certains ouvrages pour préserver leurs propriétés; dans les deux cas, l'administration peut voir ses attributions en péril; malgré cela, comme les formalités de l'ordonnance ne sont pas possibles devant eux, leur composition est d'éléments variables, ils ne forment pas un tribunal permanent, leurs écarts ne sont pas dangereux et leurs décisions sont susceptibles du recours en cassation, le conflit ne pourra être élevé devant eux *(contrà* SERRIGNY).

On a *parlé de prud'hommes.* Leurs attributions, il est vrai, tiennent à la fois des justices de paix et des tribunaux de commerce, mais elles sont trop restreintes pour engager l'administration, et le conflit ne peut être élevé.

Aux *conseils de guerre* et aux *tribunaux militaires,* il existe bien un ministère public, cependant on ne peut leur appliquer les articles 1 et 2 de l'ordonnance, puisqu'ils ne s'occupent que de crimes et de délits.

En ce qui touche la *Cour de cassation,* la question a été très-controversée en doctrine et en jurisprudence ; mais l'article 4, en refusant le conflit, comme nous l'avons vu, à tout jugement définitif ou en dernier ressort, il faut bien remarquer que la Cour de cassation ne constitue pas un degré de juridiction et le pourvoi ne renouvelle pas le débat ; tout jugement ou tout arrêt qui lui est soumis est donc bien définitif et en dernier ressort, sauf à rétablir les choses en l'état si le pourvoi est admis et à élever le conflit devant la nouvelle juridiction. (*19 mars 1847.*)

Enfin nous arrivons aux *tribunaux civils.*

Et d'abord le conflit pourrait-il s'élever devant le président ou l'un des juges décidant *en référé?* Avant 1828, l'affirmative était admise ; depuis lors, peu d'exemples s'étaient présentés, lorsque le 3 mai 1844 le comité de législation a émis l'avis : 1° que l'administration publique n'a aucun moyen d'empêcher qu'on la cite en référé ; 2° qu'une fois citée elle ne peut empêcher l'exécution provisoire d'une décision rendue contre elle qu'en élevant le conflit sur les questions qui lui paraissent être de la compétence administrative; 3° que le conflit peut être élevé.

Les articles 806 et 807 du Code de procédure civile portent :

« Art. 806. Dans tous les cas d'urgence ou lors-« qu'il s'agira de statuer provisoirement sur les diffi-« cultés relatives à l'exécution d'un titre exécutoire ou « d'un jugement, il sera procédé comme suit :

« Art. 807. La demande sera portée à une au-« dience tenue à cet effet par le président du tribunal « de première instance ou par le juge qui le remplace « aux jour et heure indiqués par le tribunal. »

Que résulte-t-il de ces articles? Que le juge du référé c'est le tribunal lui-même; la sentence sur référé dérive de la compétence du tribunal. Dès lors, pourquoi le conflit ne serait-il pas possible? Serait-ce parce que le juge ne prescrit le plus souvent en référé que des mesures conservatoires et ne statue que provisoirement? Mais le plus souvent, les mesures même provisoires, même purement conservatoires, ont pour effet de trancher implicitement les plus graves questions de compétence. De plus, il y a grand intérêt à retirer des mains du juge sur référé, même en ce qui touche les mesures provisoires, la connaissance d'une question purement administrative. Si l'on reconnaissait aux tribunaux civils le droit d'ordonner, dans des matières relevant de la compétence administrative, des mesures provisoires, on courrait le risque d'opposer le combat judiciaire au combat administratif et, par là, de créer entre les deux pouvoirs le plus regrettable antagonisme. En pareil cas, l'intervention de la juridiction civile pourrait présenter les inconvénients les plus graves; et ces inconvénients ne seraient rachetés par aucun avantage, les « *constatations prescrites par les tribunaux civils, dans l'espèce, par le juge civil du référé, ne pouvant avoir devant la juridiction administrative ni autorité, ni valeur* ».

Telles furent les conclusions si juridiques du commissaire du Gouvernement près le Conseil d'État qui, par arrêt du 22 janvier 1867, décida que le conflit pouvait être élevé en référé; le président jugeant en référé, comme nous venons de le voir, ne fait qu'exercer la juridiction du tribunal dont l'autorité lui est déléguée par la loi pour les cas qu'elle détermine; rien ne s'oppose à ce que les formes prescrites par les articles 6 et suivants de l'ordonnance du 1<sup>er</sup> juin 1828 puissent être observées. (*Au Recueil, 1867, p. 90; 18 nov. 1869, p. 897; 14 déc. 1872, p. 728; 11 janv. 1873, p. 6 et 12 du 1<sup>er</sup> supplément.*) [Voir *aux annexes, Circ. du garde des sceaux de juin 1880.*]

Quant *aux tribunaux civils et aux cours d'appel*, il est possible d'y élever le conflit; c'est là le principe; toutefois on ne peut le faire en toute espèce de matière; c'est ainsi que l'ordonnance du 1<sup>er</sup> juin 1828, qui procède par voie d'exclusion, interdit le conflit : 1° en matière criminelle; 2° en matière correctionnelle.

1° *En matière criminelle :*

« A l'avenir, dit l'ordonnance (*art. 13*), le conflit d'attributions entre les tribunaux et l'autorité administrative *ne sera jamais élevé en matière criminelle.* »

Il pourrait sembler qu'il y eût là excès de précautions, puisque la répression des crimes n'est pas confiée à l'administration; c'est que les leçons du passé ont servi « pour l'avenir ». Sous le Directoire, en effet, on

abusa des conflits pour détruire les décisions des commissions militaires qui fréquemment renvoyaient absous les prévenus d'émigration traduits devant elles.
Le prétexte était qu'elles devaient se borner à constater le fait de l'identité des personnes, et qu'il n'appartenait qu'à l'administration de statuer sur le fait d'émigration. Dans le même sens, le Directoire annulait les
ordonnances des directeurs de jury qui prescrivaient
la mise en liberté des déserteurs ou des prêtres déportés. (*28 fructidor an VI, rapport de* CORMENIN.) On prétendait pour cela qu'il y avait des questions préjudicielles que l'administration pouvait seule décider. En
outre, le Directoire élevait des conflits en matière criminelle lorsque les agents du Gouvernement étaient
poursuivis pour faits commis dans l'exercice de leurs
fonctions; ce fut surtout le Consulat qui fit usage de ce
dernier cas de conflit.

L'ordonnance a voulu empêcher le renouvellement
de pareils faits, pour prouver son respect envers le
principe de l'action publique; car il ne serait pas difficile de trouver des exemples de questions préjudicielles
administratives pouvant s'élever en matière criminelle.
Ainsi, un comptable public poursuivi pour dilapidation de deniers, qui prétend qu'avant de prononcer
sur l'accusation il y a lieu d'examiner la question
préjudicielle de savoir s'il est réellement en *débet* et
qui demande à faire régler sa comptabilité, peut exiger
qu'il soit sursis aux poursuites judiciaires pour faire
statuer sur ses comptes par l'administration, et être
ensuite, sur le vu de la décision administrative,
prononcé sur sa culpabilité. La célèbre affaire Fabry
est un exemple remarquable de l'influence de la décision administrative. Fabry, quartier-maître du dépôt de

conscrits à Strasbourg, fut la victime d'une machination infâme ourdie contre lui par ses chefs dont il n'avait pas voulu favoriser les dilapidations. Dénoncé, il fut condamné par décision militaire du 2 juin 1816 à cinq ans de fer et à la restitution de 10,843 fr. comme débiteur et dilapidateur de deniers publics, alors qu'au contraire il était créancier de l'État. Aussi la Cour de cassation déclara, le 15 juillet 1819, « que Fabry ne pouvait être déclaré coupable qu'autant qu'il aurait été préalablement décidé par l'autorité compétente qu'il était reliquataire des comptes de sa gestion; et que sa condamnation avait été une violation des règles de compétence.... » La question pourrait donc se rencontrer, et si l'ordonnance abandonne une sorte de droit, c'est que la loi a voulu prévenir l'abus, s'en rapportant à la prudence, à l'impartialité des tribunaux, et ne voulant pas que de son côté l'administration pût arrêter la justice dans des causes où se trouvent toujours engagés l'honneur, la liberté, la vie des accusés. Néanmoins, avec l'ordonnance de 1828, il reste établi que l'administration a semblé abandonner son droit de conflit en matière criminelle, et cela non-seulement quant à la répression proprement dite du fait criminel, mais aussi quant à tous les incidents qui peuvent s'y rattacher. Les termes de prohibition sont absolus, de sorte que si l'autorité judiciaire ne répond pas à la confiance du législateur, si elle passe outre, l'autorité administrative reste désarmée; il n'y aurait pas même lieu à conflit sur l'action civile de compétence administrative, sauf, bien entendu, le cas où l'action civile ne viendrait qu'après ou hors le jugement criminel ou l'extinction de l'action publique. En d'autres termes, et le fait s'appliquera également en matière correctionnelle, le conflit sur l'action civile ne sera possible que s'il s'élève devant un tribunal autre que celui qui juge le crime ou le délit. (*1855, 13 mai.*) Dans tous les cas, lorsque l'administration désarmée ne peut élever le conflit en vertu de l'ordonnance, l'accusé n'en pourra pas moins élever, si bon lui semble pour son intérêt, une exception d'incompétence vis-à-vis la cour d'assises, qui pourra surseoir *ratione materiæ*. En un mot, le maintien de la séparation des pouvoirs en matière criminelle n'est assuré par aucune mesure spéciale; le respect des attributions administratives est abandonné à la prudente impartialité de l'autorité judiciaire et les droits de l'accusé restent intacts. (*Affaire Ferrand.* — SIREY, *1819, I, 371; II, 169, et 1815, I, 766.*)

2° *En matière correctionnelle :*

Aux termes de l'article 2 de l'ordonnance de 1828, « il ne pourra être élevé de conflit en matière correc- « tionnelle que dans les deux cas suivants :

« 1° Lorsque la répression du délit est attribuée par « une disposition législative à l'autorité administrative ;

« 2° Lorsque le jugement à rendre par le tribunal « dépendra d'une question préjudicielle dont la connais- « sance appartiendrait à l'autorité administrative en « vertu d'une disposition législative. Dans ce dernier « cas, le conflit ne pourra être élevé que sur la ques- « tion préjudicielle. »

Il nous semble que les restrictions de cet article ne sont qu'apparentes ; car, après avoir établi deux exceptions, leur formule même implique la possibilité du conflit dans la généralité des faits où l'administration est compétente. En effet, le conflit est possible lorsqu'une disposition législative attribue à l'administration, d'une part, la connaissance du délit et, d'autre part, la connaissance de la question préjudicielle qui se présente au débat : que demander de plus? Ce n'est, en définitive, que la consécration des droits de l'autorité administrative, et cette formule d'exception n'est que la répétition d'une règle générale sur la compétence administrative.

Dans le premier cas, il est beaucoup de délits dont la répression est formellement attribuée par les lois à l'autorité administrative ; par exemple, toutes les contraventions à la police de la grande voirie, et, en certains cas, à la police du roulage que le conseil de préfecture doit juger. (*Loi du 29 floréal an X, art. 4 ; Loi du 30 mars 1851, art. 17, § 1.*) Ajoutons que la jurisprudence a admis une distinction quant à l'application des peines : les conseils de préfecture peuvent appliquer les peines pécuniaires, mais ils doivent renvoyer devant les tribunaux pour l'application des peines corporelles. (*Décret du 23 avril 1807, 2 févr. 1808; Ord. du 16 juill. 1811; Arrêts du Conseil;* SIREY, *I, p. 82 et 145, et IV, p. 93.*) Il pourra se présenter des cas où la loi n'est pas aussi précise que celles de l'an X et de 1851 ; alors le préfet n'élèvera pas de conflit, et si le tribunal correctionnel est saisi de la connaissance du délit, il devra se renfermer dans les limites de sa compétence.

Dans le second cas, prévu par l'article 2, la compétence de l'administration peut être également fréquente, et surtout plus fréquente que dans les procès criminels ; une foule de délits forestiers ou de la police des cours d'eau peuvent dépendre de questions préjudicielles sur la *navigabilité* des rivières ou la *défensabilité* des bois ; le conflit est alors moins dangereux, parce que la plupart du temps il ne sera plus question de politique ni de la vie ou de l'honneur des citoyens. De même, en général, lorsque la défense de l'accusé repose sur un acte, contrat ou autorisation dont l'interprétation appartient à l'autorité administrative. Ainsi, lorsqu'un entrepreneur de travaux publics, traduit devant un tribunal correctionnel pour avoir fait des empiétements sur les propriétés particulières, se retranche derrière les termes de son cahier des charges, le tribunal devra attendre que l'administration ait décidé si ces empiétements étaient ou non autorisés, et alors, après cette décision, il restera compétent sur le délit. (*Cass. 18 avril 1836 ;* Sirey, *1836, I, 697 ; 23 avril 1840 [Sauphar] ; 7 déc. 1844 [Mesnard].*)

Outre la possibilité de conflit sur les cas de l'article 2, le Conseil d'État avait eu la prétention de revendiquer la connaissance des délits de droit commun, par exemple, pour diffamation résultant des délibérations des conseils municipaux, sous prétexte que l'article 60 de la loi du 14 décembre 1789 déclare que « si un citoyen croit être personnellement lésé par quelque acte du corps municipal, il pourra exposer ses sujets de plainte à l'administration ou au directoire de département, qui y fera droit, sur l'avis de l'administrateur de district qui sera chargé de vérifier les faits ». Le Conseil en concluait qu'il y avait là une disposition législative attribuant à l'autorité administrative la connaissance de l'acte incriminé, et dès lors le diffamé ne pouvait se pourvoir contre le maire par voie correctionnelle, « attendu que tout citoyen qui serait lésé par un acte quelconque d'un corps municipal ne peut qu'exposer ses sujets de plainte à l'autorité administrative supérieure » ; mais une nouvelle jurisprudence a prévalu au Conseil d'État ou du moins à la commission provisoire installée par le gouvernement de la Défense nationale.

Il a été décidé que, « dans le cas où un maire est poursuivi correctionnellement comme coupable du délit de diffamation résultant d'une délibération du conseil municipal qu'il présidait, si la partie plaignante demande que ce maire soit condamné aux peines portées par l'article 13 de la loi du 17 mai 1849, à des dommages-intérêts, le tribunal correctionnel est compétent pour connaître de la demande, et le conflit ne saurait être élevé, dit l'arrêt, que si l'article 60 de la loi des 14-22 décembre a réservé à l'autorité administrative la connaissance des réclamations tendant à faire annuler l'acte incriminé ; mais cet article ne saurait porter aucune atteinte au droit de poursuite devant la juridiction correctionnelle de délits prévus par la loi pénale ; par suite, le jugement des délits de diffamation, alors même qu'ils auraient été commis dans un acte administratif, est de la compétence judiciaire. » (*18 mai 1872, p. 328.*)

On a été encore plus loin, et il a été décidé, par deux arrêts du 7 mai 1871, « qu'une action civile tendant, non à faire annuler un acte administratif, mais à obtenir la réparation du préjudice résultant d'imputations contenues dans les considérants d'arrêtés préfectoraux et qui sont qualifiées diffamatoires et calomnieuses par les plaignants, est de la compétence judiciaire, *bien qu'elle soit dirigée contre un fonctionnaire public à l'occasion ou dans l'exercice de ses fonctions ;* en d'autres termes, l'autorité judiciaire est compétente en matière de diffamation fondée sur les imputations insérées dans un acte administratif quel-

conque, surtout depuis l'abolition de la garantie constitutionnelle de l'an VIII, d'après laquelle les agents
du pouvoir ne pouvaient être poursuivis qu'après autorisation préalable du Conseil d'État. »

Comme on pense bien, la jurisprudence judiciaire
s'est empressée d'admettre une solution qui augmentait
les prérogatives de la magistrature inamovible. En effet,
comme l'a déclaré la Cour de cassation le 29 janvier 1873, « si, aux termes des lois des 16-24 avril
1790 et 16 fructidor an III, il est fait défense aux tribunaux de connaître des actes d'administration, il ne
s'ensuit pas qu'ils ne peuvent, lorsqu'ils sont saisis de
la poursuite d'un délit, apprécier les faits qui se ratta-
chent à ces actes, les motifs qui leur ont servi de base
et la responsabilité qui peut en résulter ; ce droit ne
peut être dénié aux tribunaux sans rendre illusoire le
recours des citoyens à la justice ; l'abrogation de l'article 75 de la Constitution de l'an VIII a restitué aux
citoyens le droit de saisir directement les tribunaux
des demandes en réparation du préjudice que les
procédés arbitraires ou excessifs des fonctionnaires
dans l'exercice de leurs fonctions ont pu leur faire
éprouver. »

Quelques mots seulement sur cet article 75 de la
Constitution du 22 frimaire an VIII. Il déclarait que
les agents du Gouvernement autres que les ministres
ne pouvaient être poursuivis en raison de leurs actes
qu'en vertu d'une décision du Conseil d'État. C'est que,
en matière de hiérarchie administrative, l'agent infé-
rieur est couvert par la responsabilité du supérieur.
Malheureusement, cette protection, destinée à éviter
que l'autorité judiciaire s'ingérât dans l'exercice du
pouvoir exécutif, fut trop souvent et trop arbitrairement

invoquée pour couvrir les actes et les turpitudes d'agents trop zélés. Au moment où l'Empire s'abîma dans le gouffre de 1870, l'opinion s'était émue depuis longtemps de l'impunité que pouvait amener l'article 75, et le 29 septembre 1870, le gouvernement de la Défense nationale s'empressa d'abolir, non-seulement l'article 75 de la Constitution de l'an VIII, mais encore « toutes autres dispositions générales et spéciales ayant pour objet d'entraver les poursuites contre les fonctionnaires publics de tout ordre ».

C'est ce décret de 1870 qui a occasionné les controverses résultant des décisions prises par la commission provisoire remplaçant le Sénat et l'autorité judiciaire d'une part, et le tribunal des conflits, d'autre part.

Nous allons donc résumer brièvement les différentes décisions intervenues dans les deux sens depuis bientôt dix ans.

*D'une part :*

L'autorité judiciaire, statuant correctionnellement, doit se déclarer compétente sur les poursuites intentées par un particulier contre les membres d'une commission municipale à raison de ce qu'ils ont signé une délibération qui contiendrait des imputations qualifiées diffamatoires par le plaignant. (*C. d'État 7 mai 1871, p. 25.*)

En 1878, la Cour de Rennes avait prononcé l'arrêt suivant :

Le décret du 19 septembre 1870, qui a abrogé l'article 75 de la Constitution de l'an VIII, relatif à la garantie des fonctionnaires publics, n'a porté aucune atteinte au principe de la séparation des pouvoirs administratif et judiciaire.

« Le maire qui, ayant reçu de son préfet, avec ordre

de les apposer, des affiches annonçant une candidature officielle, fait placarder ces affiches, accomplit un acte administratif, dont l'autorité judiciaire ne saurait connaître sans excéder les limites de ses pouvoirs. » Cette résolution a été prise pour trois espèces.

« Il en est ainsi alors même qu'en faisant apposer ces affiches officielles sur les murs de la mairie ou de tout autre bâtiment communal consacré à un service public, le maire, en l'absence d'un règlement municipal sur l'affichage, a fait recouvrir de ces affiches d'autres placards électoraux qui y avaient été apposés dans l'intérêt d'une autre candidature.

« En fait, un maire qui fait recouvrir par des affiches officielles, sur les bâtiments communaux, d'autres affiches électorales, ne présente aucun caractère délictueux. » (*Arrêt de la Cour de Rennes en date du 31 déc. 1878;* DALLOZ, *1879, 2, 101.*)

Mais l'arrêt fut porté devant la Cour de cassation, qui a cassé cet arrêt.

D'après la Cour de cassation, « l'autorité judiciaire est compétente pour connaître d'une demande en dommages-intérêts contre un fonctionnaire public à raison d'un fait personnel par lui accompli à l'occasion d'un acte administratif rentrant dans ses attributions, lorsque le fait personnel qui est imputé à ce fonctionnaire se distingue de l'acte administratif qui en a été l'occasion et auquel la demande formée contre lui ne porte d'ailleurs aucune atteinte.

« Spécialement, etc., etc. » (*10 déc. 1879;* DALLOZ, *1880, 2, p. 33.* Dans le même sens, *3 août 1874.*)

« Un tribunal civil est compétent pour apprécier la demande de dommages-intérêts formée contre un préfet à raison d'une arrestation qu'il avait ordonnée alors qu'il n'était pas encore investi de ses pouvoirs.

« Le tribunal civil qui statue directement sur une demande en dommages-intérêts formée contre un préfet pour avoir illégalement prolongé la détention du demandeur, ne fait point obstacle à un acte administratif et ne contrevient pas à la règle de la séparation des pouvoirs.

« Mais le tribunal civil est incompétent pour connaître du fait imputé à un fonctionnaire public, alors que ce fait constitue un acte légitime des fonctions du défendeur. » (*8 févr. 1876, 3 août 1874, 15 déc. 1874;* DALLOZ, *1876, 1, 289.*)

« Le principe de la séparation des pouvoirs publics, maintenu malgré l'abrogation de l'article 75 de la Constitution de l'an VIII, ne fait pas obstacle à ce que les tribunaux civils examinent les actes émanés des fonctionnaires, à l'effet de déterminer s'ils constituent réellement des actes administratifs échappant à leur juridiction.

« Le caractère d'acte administratif n'appartient pas à tous les actes faits par les fonctionnaires publics, mais seulement à ceux que la loi les autorise à faire.

« En fait, un maire n'accomplit pas un acte administratif, mais commet une faute personnelle engageant sa responsabilité dans les termes du droit commun, lorsqu'il fait élaguer et couper des arbres plantés sur une propriété privée le long d'un chemin vicinal sans que, contrairement aux dispositions de l'arrêté préfectoral réglementant la matière, aucun procès-verbal ait été dressé, ni aucune décision prise par l'autorité compétente. » (*Cour de Dijon 15 déc. 1876;* DALLOZ, *1878, p. 31.*)

*D'autre part :*

Le Tribunal des conflits admet lui-même que, si l'action est fondée exclusivement sur des faits personnels aux agents et que le demandeur ait dégagé ainsi la responsabilité de l'État, l'autorité judiciaire est compétente et le conflit ne peut être élevé. En l'espèce, il s'agissait d'agents du télégraphe n'ayant pas remis une dépêche. (*Trib. des confl. 7 juin 1873;* DALLOZ, *1874. 3, p. 5.*)

Mais quant à la séparation des pouvoirs et à l'appréciation des actes remplis par les fonctionnaires dans l'exercice et à l'occasion de leurs fonctions, le Tribunal des conflits n'admet jamais la compétence judiciaire.

*Ainsi il a été jugé :*

« Le décret du 19 septembre 1870 n'a pas eu pour conséquence d'autoriser les tribunaux judiciaires à connaître des actes administratifs (jugé sur 18 espèces).

« Doivent être considérés comme des actes administratifs et échappent dès lors à l'appréciation des tribunaux civils : l'acte par lequel un préfet, agissant dans l'exercice des attributions qu'il tient de la loi de 1849, en ce qui concerne la délivrance des autorisations de colportage, refuse ou en limite les effets, notamment en rayant certains journaux des catalogues sur le vu desquels l'autorisation est accordée ou refusée (jugé sur 9 espèces);

« L'acte par lequel un sous-préfet, un secrétaire général, ou un commissaire de police coopère, en exécution des instructions du préfet, à des actes de cette nature;

« Les instructions administratives données par un préfet, et à la suite desquelles des officiers de police judiciaire, agissant comme auxiliaires du procureur de la République, ont pratiqué des saisies de journaux;

« Les instructions données aux agents de police par un maire, à l'effet de faire constater et poursuivre les contraventions imputées aux colporteurs et en vertu desquelles des saisies de journaux ont été opérées ;

« Le refus par un maire de laisser crier un journal sur la voie publique. »

« *Lorsqu'un acte a, par sa nature le caractère administratif, la circonstance qu'il serait entaché de certaines irrégularités, ou même l'excès de pouvoirs, ne suffit pas pour lui faire perdre ce caractère* (jugé sur 4 espèces).

« Par suite, l'autorité judiciaire, saisie d'une demande en dommages-intérêts, fondée sur le préjudice causé par un acte de cette nature *ne doit pas se borner à surseoir* jusqu'à ce que le demandeur ait fait statuer par l'autorité compétente sur la régularité de l'acte incriminé ; *elle doit se déclarer incompétente.* » (*Trib. des confl. 24 nov. 1877, 12 janv. 1878, 15 déc. 1877, 29 déc. 1877, 8 déc. 1877 ;* Dalloz, *1878, 3, 17.*)

« En fait, l'arrêté pris par un préfet en exécution d'instructions émanées du ministre des finances dans l'intérêt d'un service financier de l'État, a le caractère d'un acte administratif, bien qu'il ait été annulé par le Conseil d'État pour excès de pouvoir.

« Par exemple, le particulier qui se plaint de ce que le ministre des finances et le préfet ont abusivement ordonné la fermeture de sa fabrique d'allumettes, doit porter son action en dommages-intérêts devant l'autorité administrative, alors qu'il ne relève aucune faute personnelle pouvant engager la responsabilité de ces fonctionnaires, et que, dès lors, son action est, en réalité, dirigée contre l'État dans la personne de ses agents. » (*Trib. des confl. 5 mai 1877 ; 1878, 3, p. 13.*)

« Considérant, dit l'arrêt (1878, p 47), que l'article 2 de l'ordonnance du 1er juin 1828 ne s'applique qu'aux matières correctionnelles et que l'action introduite est purement civile ; que si les dispositions générales du Code d'instruction criminelle autorisent la partie lésée à exercer à son gré l'action civile séparément de l'action publique, ou conjointement avec cette dernière, cette faculté est subordonnée à l'existence de l'autorité judiciaire et ne saurait déroger aux lois spéciales qui, par des considérations spéciales d'ordre public, attribuent la connaissance de l'action à l'autorité administrative. En conséquence, lorsque cette attribution spéciale résulte d'une disposition législative, le préfet est fondé à élever le conflit.

Déjà le Tribunal des conflits avait décidé précédemment que, « si l'autorité administrative reste compétente, aux termes de l'article 4 de la loi du 28 pluviôse an VIII, pour statuer sur les réclamations des particuliers qui se plaignent des torts et dommages procédant du fait personnel des entrepreneurs, c'est à plus forte raison pour connaître des réclamations qui proviendraient du fait de l'administration ». (*17 avril 1851, p. 286.*)

Et encore :

« Le décret de 1870 n'a eu d'autre effet que de supprimer la fin de non-recevoir résultant du défaut d'autorisation et de rendre aux tribunaux judiciaires toute liberté d'action dans les limites de leur compétence, mais il n'a pas eu pour conséquence de supprimer la prohibition qui leur est faite par d'autres dispositions que celles abrogées par le décret de 1870, d'interpréter les actes administratifs.

« Ainsi l'arrêté préfectoral qui ordonne la démolition d'une maison en vue de la sûreté publique est un acte administratif. Avant de connaître la demande formée contre l'agent voyer qui a été chargé d'exécuter cet arrêté, le tribunal civil doit attendre que l'autorité administrative ait décidé si le propriétaire de la maison a exécuté l'arrêté et si l'agent voyer en a dépassé les limites. » (*Trib. des confl. 29 juill. 1876;* DALLOZ, *1877, 3, p. 17.*)

« Lorsque le propriétaire d'un journal saisi par ordre d'un général commandant l'état de siège a formé contre le général et les fonctionnaires qui ont exécuté ses ordres, une action en dommages-intérêts et en restitution des exemplaires, le tribunal doit attendre que la validité de la saisie soit appréciée par l'autorité administrative. » (*Trib. des confl. 30 juill. 1873;* DALLOZ, *1874, 3, p.7.*)

On voit à quel point la contrariété des décisions en est arrivée. En ce moment, on le sait, le Tribunal des conflits va avoir de nombreuses occasions pour maintenir sa jurisprudence et défendre la séparation des pouvoirs contre les empiétements de l'autorité judiciaire.

Les auteurs eux-mêmes se sont divisés en deux camps : M. Reverchon, avocat général, et M. Ducrocq, *Cours de droit administratif,* tome I<sup>er</sup>, n° 584, adoptent les arrêts de la Cour de cassation. *Contrà,* M. David, commissaire du Gouvernement, M. Batbie, *Cours de droit administratif,* tome VII, et M. Aucoc, *Conférences sur l'administration,* tome I<sup>er</sup>, n° 426, adoptent les décisions du Tribunal des conflits.

« En résumé, dit M. Aucoc, d'après le dernier état de la jurisprudence du Tribunal des conflits, l'autorité judiciaire peut désormais statuer sans obstacle sur les crimes, délits et contraventions imputés aux fonctionnaires publics, sur les dommages causés par les fonctionnaires et commis dans l'exercice de leurs fonctions, lorsque ces fautes constituent des faits personnels, sauf l'appréciation préjudicielle de l'autorité administrative

sur la légalité et sur l'interprétation des actes administratifs proprement dits. »

Pour mémoire, nous dirons que le défaut d'autorisation de poursuivre un fonctionnaire, alors que l'article
75 de l'an VIII était en vigueur, ne donnait pas lieu au
conflit, puisque le conflit n'est possible que si l'autorité
judiciaire est incompétente, le défaut d'autorisation
étant une irrégularité dont l'omission pouvait constituer
une exception proposable par l'inculpé ou le ministère
public, mais non par le tribunal ; de même, s'il s'élève
des contestations dans lesquelles des communes ou des
établissements publics étant intéressés, les parties doivent se munir de l'autorisation du conseil de préfecture,
ou encore, lorsque les demandes ont lieu contre les départements, les communes, etc., il faut adresser des
mémoires à l'administration préalablement à l'autorité
judiciaire ; si ces formalités n'ont pas été remplies,
elles ne peuvent donner lieu à une revendication de
compétence par l'administration.

Tels sont les principes énumérés par les deux premiers paragraphes de l'article 3 de l'ordonnance de
1836.

*3° Il faut qu'il s'agisse d'un litige non terminé au
fond.*

La logique des principes est quelquefois dangereuse
à poursuivre et, si on voulait abuser du principe du conflit, on irait jusqu'à décider que l'administration peut
en tout état de cause revendiquer ses prérogatives.
Aussi, lorsqu'ils y eurent intérêt et qu'aucune règle
positive ne les arrêta, les gouvernements du Directoire,
du Consulat et de l'Empire ne se firent pas faute d'établir
une jurisprudence qui foulait aux pieds l'autorité de la
chose jugée. On décida que le conflit pouvait être élevé

après les jugements et arrêts rendus par les tribunaux de première instance, les cours d'appel et même la Cour de cassation ; puis on reconnut l'impossibilité de l'élever après l'expiration des délais d'appel, exécution ou acquiescement. On accorda aussi l'autorité de la chose jugée aux jugements et aux arrêts contradictoires nonobstant appel du pourvoi ; enfin, on refusa aux préfets le droit d'élever le conflit contre les jugements en dernier ressort ou contre les arrêts quand les parties ne faisaient pas revivre la contestation par l'appel ou le pourvoi. Ces dissidences étaient dangereuses pour les parties et on se rappelait un arrêté des Consuls du 15 brumaire an X, annulant un arrêt du tribunal d'appel de Besançon et d'après lequel il est enjoint au président et aux commissaires du Gouvernement de se rendre à la suite du Conseil d'État, parce qu'il importe, dit-il, « de savoir si la conduite du tribunal d'appel est exempte d'erreur d'opinion, ou s'il faut l'attribuer à une affectation coupable ». C'était l'exagération du principe. Pour la justifier, on faisait remarquer que l'usurpation anticonstitutionnelle des tribunaux sur l'autorité administrative n'en existe pas moins après un jugement en dernier ressort, et que ce serait invoquer la prescription contre un principe d'ordre public que d'arrêter la revendication de l'administration. Comment un tribunal peut-il juger sans remède une question administrative ?

Cependant il faut songer aussi au respect de la chose jugée. Or, le conflit n'est qu'un débat sur la compétence de l'autorité administrative vis-à-vis l'autorité judiciaire, et du moment où la chose est jugée au fond il n'y a plus de débat sur la compétence, le but du conflit disparaît et il serait alors dangereux de créer une nouvelle voie de recours.

Aux termes de l'article 4 de l'ordonnance de 1828, « il ne pourra jamais être élevé de conflit après des « jugements rendus en dernier ressort ou acquiescés, « ni après des arrêts définitifs ». Telle est la règle; mais l'article 4 lui-même y apporte deux exceptions :

1° Le conflit pourra être élevé, par exemple, sur un jugement en dernier ressort dans le cas prévu par l'article 8 de l'ordonnance, c'est-à-dire, si le tribunal, avant l'expiration du délai de quinzaine accordé au préfet, avait passé outre au jugement du fond.

2° « Le conflit pourra encore être élevé en cause d'appel « s'il ne l'a pas été en première instance, ou s'il l'a été « irrégulièrement après les délais prescrits (quinze « jours) par l'article 8. »

Ainsi l'article 4 ayant en vue tout jugement en dernier ressort et aussi tout jugement rendu, mais non frappé d'appel, a voulu confirmer le droit d'élever le conflit pendant toute la durée des instances et l'interdire à partir de tout jugement définitif.

Cette prohibition de l'article 4 est absolue même à l'égard d'un jugement par défaut : le conflit ne peut être élevé tant que le jugement ou l'arrêt semblent être définitifs, ni du moment où les parties y ont acquiescé explicitement par une reconnaissance de leurs droits respectifs, ou implicitement par l'expiration des délais d'opposition et d'appel. Dans tous les cas, l'opposition, l'appel, la tierce opposition, la requête civile, le pourvoi, sont des éventualités qui, si elles ne se réalisent pas, laissent aux décisions prises leur caractère définitif et leurs effets dès le jour où elles ont été rendues, mais qui, si elles se réalisent, remettent les parties en l'état.

(*28 décembre 1845, 19 mars 1847, 8 avril 1825, 31 mars 1835, 28 août 1844, 27 avril 1853.*)

D'autre part, du moment où le fond n'est pas jugé ou abandonné, la contestation est pendante devant l'autorité judiciaire. (*Trib. des confl. 24 juill. 1851, 2 déc. 1853.*) Sans doute, l'article 4 ne l'exprime pas, mais le but du conflit est aussi de revendiquer des litiges dont la décision portait atteinte à l'autorité administrative, et pour obtenir ce but, il faut considérer que la chose jugée doit s'entendre de celle qui a mis irrévocablement un terme à ce litige.

Il faut donc distinguer les jugements intervenus sur la compétence de ceux qui ont prononcé sur le fond.

« Lorsque le tribunal a déjà prononcé par jugement spécial sur l'exception d'incompétence proposée par l'une des parties en cause, le préfet est encore en droit de proposer le déclinatoire, l'exception d'incompétence ne pouvant suppléer au déclinatoire. » (*1859, p. 462; 1870, p. 552.*)

Il en est ainsi « même si l'exception a été proposée par le préfet en son nom personnel, car le jugement qui se réserve le fond a le caractère interlocutoire, et, bien qu'il n'ait pas été frappé d'appel, celui-ci, agissant alors au nom de la puissance publique, pourra élever le conflit lorsque le tribunal aura pris une décision sur son déclinatoire préalable ». (*1850, p. 217; 1852, p. 424; 1853, p. 589; 1871, p. 206; 11 janvier 1873.*)

« La décision judiciaire passée en force de chose jugée ne peut empêcher le conflit si elle n'a porté que sur la compétence »; ainsi la cour, sans juger du fond, confirme le jugement qui a rejeté l'exception d'incompétence proposée par une partie; le conflit peut être élevé. (*8 janv. 1840 ; Trib. des conflits, 25 mai 1851 ; 15 janv. 1863, avril 1863 ; Ville de Caen, 12 déc. 1868 ; 4 mai 1870 ; 1874, p. 703.*)

Si la cour, tout en rejetant définitivement l'exception d'incompétence proposée par une partie en cause, a renvoyé l'affaire devant un autre tribunal pour connaître le fond, le préfet peut proposer le déclinatoire, élever le conflit. (*1863, p. 306.*)

Si la cour statue, non plus sur une exception d'incompétence proposée par une partie, mais confirme un jugement qui repoussait le déclinatoire du préfet lui-même et renvoie l'affaire pour être jugée au fond devant un autre tribunal, le conflit peut être élevé après un second déclinatoire présenté devant le tribunal de renvoi (*1853, p. 1073 ; 1869, p. 516*). Toutefois, il a été également décidé que « cette cour qui a ordonné le renvoi doit, si elle est saisie d'un arrêté de conflit non précédé d'un nouveau déclinatoire, ordonner au tribunal de surseoir ». (*25 avril 1857, p. 337 ; 17 janv. 1874, p. 69 ; 16 janv. 1875, p. 57.*)

Toutes ces décisions reposent sur le principe que tout jugement préparatoire ou interlocutoire ne tranche pas le fond (*1853 , p. 1008 ; 1851, p. 522 ; 1851, p. 351*). Ainsi, après un jugement qui rejette l'exception d'incompétence soulevée par le préfet, le tribunal réserve le fond et se borne à prononcer un sursis ; le préfet, sur une instruction nouvelle, prend un second arrêté confirmant le premier arrêté, cause du litige ; survient un nouveau jugement nommant des experts, puis arrêt de la cour ayant le caractère interlocutoire sans trancher le fond ; le préfet pourra soulever encore la question de compétence, mais à la condition de proposer un nouveau déclinatoire. (*1872, p. 166.*)

*Quid* en cas d'expertise ordonnée avant faire droit?

Un tribunal a été saisi d'une demande en partage de biens communaux indivis entre deux communes ; il a décidé que le partage aurait lieu dans la proportion du nombre de feux de chaque commune. De plus, il ordonne une expertise pour procéder au partage, fixer les lots, etc., pour être ensuite statué ce qu'il appartiendra ?

« Il n'y a pas chose jugée au fond tant qu'il n'a pas été statué sur les opérations de ce partage, et le conflit peut être élevé par ce motif que, si les tribunaux sont compétents pour régler les droits de propriété réclamés par les communes sur les biens indivis entre elles, l'autorité administrative doit apprécier les opérations de partage des biens communaux et les contestations qui peuvent s'élever à raison du mode de partage (*1860, p. 225*). » Le conflit est possible.

*A fortiori*, « lorsque l'expert nommé n'ayant pas rempli son mandat, il y a lieu de demander à la même juridiction la nomination d'un autre expert, le déclinatoire peut être proposé et le conflit élevé, bien que sur la première citation le préfet n'ait pas fait valoir cette exception d'incompétence ». (*1873, p. 13, 1ᵉʳ suppl.*)

Que faut-il décider si le jugement ou l'arrêt s'est prononcé définitivement sur une partie du fond ?

Par exemple, une action en dommages-intérêts avait été dirigée par des propriétaires de maisons contre une ville à raison du dommage résultant de certains travaux. La cour a décidé que « l'action était mal fondée à l'égard de travaux antérieurs à une certaine date, mais bien fondée à l'égard des travaux postérieurs à cette date ; en conséquence, avant faire *droit définitivement*, elle a nommé des experts chargés d'apprécier le dommage pour être ordonné ce qu'il appartiendrait. En ce cas, il y a lieu d'élever le conflit, puisque l'arrêt n'est pas jugé au fond définitivement. » (*1862, p. 95 ; contrà 1869, p. 953.*)

Supposons que la question de compétence soulevée par le déclinatoire et le fond du litige soient jugés par un seul et même jugement ou arrêt.

Dans ce cas, et sans avoir à apprécier ici la conduite des magistrats, nous constatons qu'au point de vue du conflit les droits du préfet ne sont nullement lésés ; en effet, l'article 4, qui défend d'élever un conflit sur un jugement ou un arrêt définitif, excepte les cas où les tribunaux auraient statué dans les délais auxquels l'administration a droit pour élever le conflit ; autrement, il y aurait excès de pouvoir, et la revendication accordée à l'autorité administrative ne serait qu'un mot. Le tribunal saisi du déclinatoire devait donc se borner à statuer sur la question de compétence. L'oubli de son devoir ne peut préjudicier à l'autorité administrative. (*1869, p. 946.*)

De cette règle, qui permet d'élever le conflit tant que le fond du litige n'est pas jugé, il résulte qu'il y a lieu de l'élever, même après les plaidoieries des avocats, même après les réquisitions du ministère public, même enfin après la mise en délibéré, et cela en première instance comme en appel. (*1864, p. 718.*)

Enfin, si un arrêté de conflit a été annulé pour vice de forme, ou si le dossier a été égaré, un second arrêté sera valable tant que le litige est encore en suspens. (*31 juill. 1875, p. 759 ; 1878, p. 605.*)

Maintenant examinons les hypothèses où la décision de l'autorité judiciaire a acquis la force de chose jugée.

Les termes de l'article 4 sont tellement positifs que

le conflit ne peut s'élever lorsque le litige, définitivement jugé, semble se dédoubler. Prenons des exemples : il s'agit d'interpréter une sentence ayant l'autorité de la chose jugée ; le conflit ne sera pas possible, car ce n'est point là revenir sur le fond, qui reste jugé (*5 oct. 1838, 28 août 1866*). S'agit-il de déterminer la question des dommages - intérêts accordés par un précédent jugement ayant l'autorité de la chose jugée ? Le conflit ne sera pas non plus recevable (*22 août 1839, 30 nov. 1869*), sauf le cas où l'exécution appartiendrait à l'autorité administrative (*23 avril 1823*) ; enfin, « si l'appel est porté sur la compétence, tandis que le fond a été jugé en dernier ressort, bien que la partie condamnée ait le droit éventuel de faire annuler le fond si l'appel réussit, le conflit n'est pas recevable, parce que le fond n'en est pas moins jugé définitivement si le moyen d'incompétence est rejeté ». (*12 octobre 1838, 4 mai 1843, 7 octobre 1844. — Art. 454 du Code de procédure.*)

D'ailleurs, si l'appel fait revivre le litige, il faut, d'après le Conseil d'État, que cet appel soit valable, qu'il ait réellement rouvert le débat judiciaire, qu'il soit fait dans les délais. (*30 juill. 1857, p. 604 ; 2 févr. 1822.*)

« Sur la demande formée au nom de l'État devant l'autorité judiciaire, en vue de nier à un particulier la propriété de divers atterrissements en voie de formation et qui se trouvent compris dans les limites fixées par un arrêté préfectoral, la cour, tout en faisant droit à la demande de l'État à l'égard d'une partie des terrains, a déclaré que le particulier avait la propriété d'une partie de ces terrains et a nommé une expertise *qui n'a plus eu pour but que de pourvoir au règlement* de l'indemnité qui serait due en cas de dépossession de la partie *dont il était reconnu définitivement* propriétaire. Alors il n'y a pas lieu de proposer le déclinatoire ni d'élever le conflit. » (*1869, p. 953.*)

Dans un autre cas, un jury d'expropriation a fixé les indemnités dues, mais hypothétiquement, pour le cas où sa compétence serait reconnue. La ville de Paris nia cette compétence et perdit son procès. C'est alors que les expropriés demandèrent au tribunal de déclarer que les indemnités leur étaient définitivement acquises. En vain le conflit fut élevé ; « il ne s'agissait plus d'instance nouvelle, mais d'obtenir l'exécution de la décision rendue par le jury ». (*1866, p. 284.*)

« Mais si, dans une instance où il s'agit d'exécuter un arrêt définitif, une question nouvelle se présentait, le conflit pourrait être élevé. » (*1854, p. 790.*)

« Quant à la question de savoir si le litige que revendique l'administration a déjà été vidé par des décisions judiciaires ayant acquis la force de la chose jugée, elle est tout entière à l'appréciation de l'autorité judiciaire. » (*1864, p. 719.*)

« Si un arrêt vient à être cassé par la Cour de cassation, les choses sont rétablies en l'état, et dès lors le conflit peut être élevé devant la nouvelle juridiction. » (*19 mars 1847.*)

Quel est le droit de l'autorité administrative lorsque les parties ont acquiescé aux décisions judiciaires ou transigé sur le litige ?

En principe, nous le savons, le conflit ne peut être élevé sur un jugement définitif ou acquiescé qui aurait ainsi acquis la force de la chose jugée. Pour la transaction, nous distinguerons : si le conflit a été élevé après la transaction, on décidera avec le Conseil d'État que par elle « la constatation n'existait plus » ; si la transaction, au contraire, survient après le conflit élevé et avant le jugement, on décidera que le conflit n'a plus d'objet et qu'il n'y a pas lieu de statuer. (*22 févr. 1823, 23 févr. 1851, 8 nov. 1851, etc.*) La transaction en elle-même n'est pas opposable à l'administration, mais les parties ont transigé sur le fond, le litige est éteint. L'administration se trouve en présence d'un jugement définitif. Ajoutons qu'une transaction évidemment frauduleuse laisserait intacts tous les droits de l'administration.

De plus, l'acquiescement ou la transaction doivent avoir porté sur le fond de l'affaire et non sur des jugements ou des points accessoires. Par exemple, si le jugement acquiescé n'a prononcé que sur la compétence ou n'avait que le caractère interlocutoire, il y aurait lieu à conflit. (*5 mars 1841, 30 août 1845.*)

En résumé, l'article 4 de l'ordonnance de 1828 a été appliqué en ce sens que : 1° le conflit peut être élevé devant les tribunaux ou les cours d'appel tant que le fond du litige n'est pas jugé ; 2° l'arrêt de la Cour de cassation qui annule les jugements et arrêts rouvre les débats et rend le conflit possible.

# CHAPITRE IV.

**Quel est le caractère, quel est le but et quels sont les effets du déclinatoire et de l'arrêté de conflits ?**

Le conflit en lui-même est un acte de revendication au nom des principes constitutionnels, ainsi que le disait l'avis du 6 février 1826 : « Les conflits ne for-
« ment pas une contestation entre particuliers, mais
« entre deux autorités publiques ; il ne s'agit ni d'inté-
« rêts privés, ni de l'application des lois civiles, mais du
« maintien de l'ordre public et de l'exécution des lois
« constitutionnelles ; les décisions rendues sur conflits
« sont des actes de haute administration. » On voit de quel caractère grandiose se revêt cet acte de l'autorité administrative venant dire à l'autorité judiciaire : « Au nom de la loi, au nom de la Constitution, je vous requiers de surseoir à toute appréciation sur telle af-faire ; un juge supérieur prononcera entre nous. »

Et en effet, disait M. Cuvier rapporté par M. Boula-tignier, v° *Conflit :* « Le conflit est le moyen accordé
« au pouvoir amovible et responsable pour se défendre
« contre les invasions du pouvoir inamovible et irres-
« ponsable. Les affaires judiciaires en France, seul
« pays connu où il en soit ainsi, étant entièrement
« confiées à des corps collectifs et inamovibles, la cas-
« sation, qui, avant la Révolution, appartenait au con-
« seil du roi, ayant été elle-même attribuée à un corps
« de ce genre, il était rigoureusement nécessaire, si
« l'on voulait conserver un gouvernement responsable,
« d'enlever soigneusement aux tribunaux toutes les ma-
« tières administratives, c'est-à-dire tout ce qui a rap-

« port au gouvernement général, à la police, à l'exer-
« cice des droits qui appartiennent à la communauté
« comme telle ; ces matières étant, par leur nature,
« l'objet de l'ambition des individus et des corps, parce
« qu'ils donnent plus d'autorité, plus de crédit et plus
« de moyens de favoriser ses créatures, l'autorité judi-
« ciaire a une tendance naturelle à s'en emparer, et
« chacun se souvient que, dans l'ancien régime, les
« Parlements s'en étaient emparés en grande partie,
« et ils étaient sans cesse en guerre à ce sujet avec le
« Gouvernement. Le Gouvernement avait cependant
« alors une défense qu'il n'a plus, l'arme de la cassa-
« tion, dont il est dépouillé aujourd'hui.

« L'Assemblée constituante, composée d'hommes qui
« avaient été témoins de ces débats, s'aperçut prompte-
« ment que, si elle n'y portait pas remède, le pouvoir
« législatif lui-même serait anéanti, car il n'aurait
« aucun moyen d'arrêter les autorités judiciaires ni de
« les faire répondre de leurs actes. Quelque impartiale
« que puisse être la Cour de cassation, elle appartient
« à l'ordre judiciaire ; elle est composée des mêmes
« éléments, et, en matière d'attributions, elle a les
« mêmes intérêts ; enfin, et surtout, il n'y a aucun
« moyen de réformer ses arrêts ; la disposition qui
« donnait au roi, sous la responsabilité de ses minis-
« tres, le droit de juger les conflits, était donc une
« conséquence mathématique de l'établissement du
« gouvernement représentatif. Admettons, en effet, une
« disposition contraire : insensiblement les tribunaux
« jugeront les questions administratives ; ils s'empa-
« reront de la police, ils entraveront le Gouvernement ;
« ils finiront par faire des lois par leurs arrêts. Sans
« cesse les ministres auront à dire qu'ils ne peuvent

« répondre d'opérations dans lesquelles leur action
« n'est pas libre ; et que pourra faire le Corps légis-
« latif ? Il sera toujours muet devant des arrêts. »

Veut-on apprécier encore mieux les dangers que la
séparation des pouvoirs et la revendication administrative ont pour but d'éviter ? Voici le message que
Merlin adressait aux Cinq-Cents pour empêcher d'accorder au Tribunal de cassation la connaissance des
conflits :

L'expérience de tous les temps a prouvé que nulle coalition,
dans un État libre, n'était plus dangereuse que celle des autorités
judiciaires ; et de même que la sûreté individuelle des citoyens
repose sur l'indépendance absolue des tribunaux, toutes les fois
qu'ils se tiennent renfermés dans les limites de leurs fonctions,
de même aussi la sûreté générale de l'État repose sur la liberté
absolue des corps administratifs que l'article 202 de la Constitution a déclarés entièrement indépendants des tribunaux, et qui
d'ailleurs ne peuvent être entravés dans leur marche sans com-
promettre en mille circonstances le salut de la République. En
admettant des principes opposés, il pourrait arriver que le Tribunal de cassation se constituât un jour l'arbitre suprême des
destinées de la République. En faisant toujours pencher la balance
du côté des tribunaux, il enlèverait successivement et pour ainsi
dire pièce par pièce, aux autorités administratives, leur indépendance et leurs attributions et finirait par gouverner la République
sous l'abri de l'inviolabilité que la Constitution assure à ses jugements. Et ce ne sont pas ici des craintes vagues et chimériques.
Le Directoire peut les appuyer par des faits qui, tous, depuis la
mise en activité de la Constitution, concourent à prouver que
l'ordre judiciaire n'a rien négligé pour étendre ses limites et en-
vahir l'autorité administrative. — Il pourrait vous montrer là un
juge de paix..., ici un tribunal... et, enfin, vous verriez presque
tous les tribunaux de la République citer devant eux, au mépris
de l'article 203 de l'acte constitutionnel, les administrateurs à
raison de leurs fonctions, leur demander compte de leurs actes
administratifs et poursuivre souvent au criminel des actes prescrits par la loi, par l'autorité supérieure, et sur les motifs

desquels le secret, seul garant de leur réussite, leur était recommandé.

Or, dans cette multitude d'usurpations dont le Directoire a les preuves matérielles, supposez que les administrations n'aient pas le droit de se défendre, ou, ce qui est la même chose aux yeux des hommes qui connaissent la pente naturelle de l'esprit de corps, supposez que ce soit une autorité judiciaire qui prononce sur le conflit; n'est-il pas évident que tout deviendra judiciaire du moment que tout pourra le devenir ?

Certes, à l'heure actuelle, Merlin et Cuvier ne pourraient adresser de pareils reproches à l'autorité judiciaire; mais il nous a paru bon de faire apprécier quel est le caractère, et quel est le but d'un arrêté de conflit. Nous en déduirons mieux les effets et les conséquences.

Dans un chapitre ultérieur, nous verrons comment l'arrêté de conflit est instruit et jugé. Dès maintenant, étant donné le caractère et le but du conflit, nous avons à nous demander quels en sont les effets.

*En ce qui concerne le déclinatoire,* c'est un simple avertissement adressé à l'autorité judiciaire dont, par déférence, on a voulu ménager les susceptibilités ; elle est invitée à se déclarer incompétente non plus en vertu d'une exception soulevée au nom de la loi dans un intérêt privé, mais au nom des principes constitutionnels dans l'intérêt public.

Aussi, même dans le cas où les parties en cause ont, de leur propre initiative, proposé l'exception d'incompétence, le tribunal, bien qu'il ait repoussé cette exception et retenu le fond du litige, doit statuer sur le déclinatoire communiqué par le procureur de la République. Le magistrat du parquet a d'ailleurs toute liberté pour ajouter au déclinatoire des conclusions favorables ou non; mais lorsqu'il a communiqué le déclinatoire, le tribunal doit statuer. C'est pour les magistrats assis une obligation légale, la seule imposée à ce moment de la procédure. Toutefois, le déclinatoire, à notre sens, entraîne avec lui d'autres conséquences et d'autres obligations morales pour le tribunal. — L'autorité judiciaire n'est légalement astreinte qu'à statuer et elle peut statuer comme bon lui semble. Le tribunal, malgré le mémoire qui lui a été adressé, se déclare-t-il compétent? C'est son droit et nous dirons son devoir si sa conscience lui dicte une pareille solution; mais la déclaration de compétence une fois prononcée, peut-il aller plus loin et juger le fond avant d'accorder au préfet un délai de quinzaine, ou tout au moins un délai de raison, qui permette d'élever le conflit? Sans doute, l'article 8 de l'ordonnance de 1828 a prévu cette situation, et a fourni à l'autorité administrative une garantie contre une précipitation inexplicable et peut-être inexcusable. Si, en effet, le tribunal, non content de passer outre, juge le fond, les droits du préfet sont sauvegardés, le conflit sera possible quand même, et, s'il est porté appel du jugement, la cour devra, avant toute autre mesure, le réformer en ce qui concerne le déclinatoire pour rendre à l'administration la jouissance du délai.

Mais nous ne croyons pas que les conséquences du déclinatoire s'arrêtent là. D'une part, du moment où le législateur a voulu arrêter les empiétements de l'autorité judiciaire, celle-ci ne peut même pas apprécier la validité du mémoire qui lui est communiqué. Nous verrons bientôt qu'il en est ainsi pour l'arrêté de conflit. D'autre part, il nous semble que les magistrats ainsi avertis doivent éviter tout autre acte judiciaire, en attendant que le préfet puisse compléter son œuvre. Nous ne comprendrions pas que le caractère d'un magistrat intègre, scrupuleux observateur de la loi, soucieux de sa dignité, de la corporation à laquelle il a l'honneur d'appartenir, et respectueux des autorités qui, comme lui ou à côté de lui, défendent les principes fondamentaux de toute société, puisse s'allier avec la moindre mesure paraissant calculée et destinée à se faire un jeu de la loi et des principes constitutionnels.

S'il advient jamais qu'un tribunal, usant et abusant des roueries que la procédure peut fournir, se compromette jusqu'à combattre *de proprio motu* l'autorité administrative, si jamais un magistrat faisant du litige en suspens son affaire personnelle à l'encontre de la revendication de l'ordre public, descende ainsi de son siége pour favoriser une des parties en cause au préjudice de la loi elle-même, et de juge devienne comparse; s'il osait se mettre en lutte avec les principes constitutionnels jusque sur la place publique (car nous devons tout supposer hypothétiquement), alors nous pensons que la loi sur les conflits ne pourra l'en empêcher; mais que les règlements disciplinaires rappelleraient le fonctionnaire coupable aux sentiments du devoir et de la dignité professionnelle.

Aussi bien le tribunal doit encore ne pas oublier dans son jugement, que le préfet agit là comme représentant de la force publique, comme magistrat et fonctionnaire de l'ordre administratif pour le maintien des juridictions et dans l'intérêt général de la société; le condamner aux dépens serait donc violer l'article 130 du Code de procédure, qui n'autorise la condamnation aux dépens qu'entre les parties, et l'article 7 de l'ordonnance du 12 décembre 1821 qui, en cas de conflit sur les observations des parties, défend de prononcer contre le préfet aucune condamnation aux dépens. (*Cass. 12 avril 1835; C. d'État 1850, p. 47; 21 juill. 1854-1866, p. 430; 1868, p. 1007; 1871, p. 203; 1873, p. 117; 1874, p. 703.*)

Ils ne peuvent jamais être mis à la charge du préfet, lors même qu'ils seraient compensés avec une autre partie ou que, ayant été personnellement mis en cause devant le tribunal, il se serait borné à présenter un déclinatoire. (*1877, p. 931.*)

Il en est autrement à l'égard des parties. Le défendeur peut être condamné aux dépens, même lorsque le déclinatoire a été admis en sa faveur, et il n'y a pas lieu d'élever le conflit sur cette partie de la sentence, car il appartient à l'autorité judiciaire, tout en déclarant son incompétence pour connaître de la demande, de statuer sur les dépens de l'instance introduite par cette demande. (*1861, p. 281 ; 1874, p. 466.*)

*En ce qui concerne l'arrêté de conflit,* les situations sont encore plus nettes. Le ministère public, dans une tout autre situation ici que dans l'article 6, où il donne des conclusions personnelles, n'a pas le droit d'apprécier la validité ; il est obligé, dans tous les cas, de communiquer l'arrêté au tribunal pour requérir le sursis à toute procédure.

De même et *à fortiori* des conséquences que nous avons examinées pour le déclinatoire; à ce moment naissent complètes et absolues les obligations, pour l'autorité judiciaire, de respecter la décision administrative. Avec l'arrêté de conflit communiqué au tribunal, le pouvoir judiciaire est tenu en suspens jusqu'à ce que le Tribunal des conflits ait statué.

Si l'autorité judiciaire, malgré l'arrêté de conflit, passait outre et jugeait le fond, elle rendrait vaine et nulle l'ordonnance de 1828 ; si elle s'occupait de l'arrêté de conflit lui-même, elle violerait le principe de la séparation des pouvoirs. En vertu de l'article 127 du Code pénal, les magistrats qui auraient agi ainsi seraient coupables de forfaiture et passibles de la dégradation civique. De plus, en vertu de l'article 128 du Code pénal, pour le fait seul d'apprécier l'arrêté de conflit, ils seraient punis d'une amende de 16 fr. au moins et de 150 fr. au plus. Les officiers du ministère public ayant pris part à cette violation de la loi sont passibles des mêmes peines.

Toute mesure ordonnée postérieurement aux conclusions du ministère public tendant au sursis, serait donc radicalement nulle. Il en est ainsi même lorsque la décision rendue, malgré l'élévation du conflit, consacre cependant ce qu'il demande. (*1877, p. 660.*)

Ainsi, en cour d'appel, les parties viennent à l'audience, et la cour, trouvant que le préfet n'a pas, à tort, opposé de déclinatoire préalable, juge pour rendre un arrêt même favorable aux prétentions administratives ; cet arrêt est nul.

Dans l'hypothèse que nous avons prise, nous avons supposé un arrêt favorable à l'administration ; mais le pouvoir judiciaire doit être libre dans ses décisions, du moment où on lui accorde d'en prendre, et il aurait pu alors être aussi bien défavorable et proclamer sa compétence. Il ne peut ainsi annuler l'arrêté de conflit.

Si cependant, dit-on, la juridiction judiciaire se trouve en présence d'un conflit radicalement nul ? Par exemple, il a été élevé en violation même de l'ordonnance de 1828 : 1° en matière criminelle ; 2° en matière correctionnelle hors les cas prévus par l'article 2 ; 3° sans l'autorisation ni les formalités préalables devant l'administration ; 4° hors les cas prévus par l'article 4 ; 5° après l'expiration des délais fixés par les articles 8 et 11 ; 6° enfin, sans observer les formes prescrites par l'article 9, c'est-à-dire sans viser le jugement sur la compétence, sans citer la disposition législative qui attribue à l'administration la connaissance du litige. On s'est appuyé encore sur les termes absolus de l'ordonnance, sur son esprit, sur ses dispositions, qui ont pour but de protéger surtout le pouvoir judiciaire, et sur l'article 471, Code pénal, d'après lequel les juges en matière répressive peuvent ne pas tenir compte des arrêtés ou règlements illégaux. Enfin, dit-on, il n'y aurait aucun échec au principe de la séparation des pouvoirs, puisque le pouvoir judiciaire n'apprécierait que la légalité de l'arrêté de conflit.

Malgré toutes ces raisons qui reposent sur une distinction entre la forme et le fond, nous croyons que l'obligation du sursis est absolue pour les tribunaux.

Il n'appartient qu'au Tribunal des conflits de statuer sur la validité d'un arrêté de conflit ; d'où il suit qu'une cour ou un tribunal en refusant, contrairement aux réquisitions du ministère public, de surseoir à toute procédure malgré l'arrêté de conflit intervenu, par ce motif que l'arrêté est mal fondé, excède ses pouvoirs et méconnaît l'article 17 de la loi du 21 fructidor an III. (*1871, p. 26 ; 1879, p. 74.*)

Le principe essentiel est la séparation des pouvoirs, et l'institution des conflits n'a pas d'autre objet, d'autre but. Si l'autorité judiciaire peut examiner l'arrêté de conflit, elle confondra dans ses mains les pouvoirs administratif et judiciaire ; l'abus serait flagrant. Peut-être les résultats seront-ils quelquefois regrettables ; mais il se trouverait aussi souvent des questions douteuses dont la solution constituerait la confusion des pouvoirs.

Outre cet effet principal de rendre l'autorité judiciaire l'esclave du sursis, pour ainsi dire, l'arrêté de conflit a encore un autre caractère. Bien qu'en principe les actes administratifs soient révocables, l'arrêté de conflit est définitif : le préfet ne peut prendre un second arrêté pour restreindre le premier, le révoquer ou le confirmer, parce que c'est un acte d'administration intervenant dans une procédure judiciaire, et les actes de cette procédure sont définitivement acquis. Le pouvoir administratif a par le conflit un droit désormais établi, sauf la transaction des parties qui, par leur arrangement amiable, feraient disparaître du même coup toute la procédure du conflit, attendu que le Tribunal des conflits n'est pas institué pour des questions purement théoriques.

D'un autre côté, du caractère même du conflit, qui ne fait que mettre en doute la compétence de l'autorité judiciaire et administrative à la fois, il s'ensuit que, par respect pour l'autorité judiciaire, l'autorité administrative à son tour doit observer la même réserve et s'abstenir de toute décision sur le litige. Le préfet ne saurait davantage adresser des injonctions quelconques à l'autorité judiciaire, et ordonner, par exemple, qu'elle surseoira à toute procédure (*14 nov. 1833*), ou la déclarer dessaisie du litige sur lequel le conflit s'est élevé (*13 août 1836*), ni ordonner, ni arrêter l'exécution provisoire du jugement qui a donné lieu au conflit (*23 févr. 1820*). En un mot, l'effet du conflit est de suspendre, jusqu'à la décision du Tribunal des conflits, toute action de l'autorité administrative et judiciaire.

# CHAPITRE V.

### Comment et dans quels délais sont jugés les conflits?

Avant d'examiner quels étaient les effets immédiats du conflit, nous avions vu comment et en quelles formes on élève le conflit. Voyons donc maintenant ce qu'il advient de cet arrêté de conflit.

« Lorsque le préfet aura élevé le conflit, il sera tenu de faire déposer son arrêté et les pièces y visées au greffe du tribunal civil (*art. 10*).

« Si dans le délai de quinzaine cet arrêté n'avait pas été déposé au greffe, le conflit ne pourrait plus être élevé devant le tribunal saisi de l'affaire (*art. 11*). »

Avec l'article 8, on pourrait croire peut-être que le préfet a d'abord quinze jours pour élever le conflit et ensuite quinze jours pour le déposer ; mais, dans l'opinion du Conseil d'État, le préfet doit prendre l'arrêté et faire le dépôt dans la quinzaine de l'envoi prévu par l'article 7.

Nous pouvons rappeler à cet égard que les délais partent, à peine de nullité, du jour où le procureur a effectué l'envoi des pièces. (*1850, p. 215, 367, 499, 645 ; 1852, p. 353, 494 ; 1853, p. 969 ; 1854, p. 53.*)

Le délai de quinze jours est dépassé si, entre l'envoi des pièces et la date du dépôt, il y a quinze jours, non compris celui de l'envoi et celui du dépôt (*1858, p. 205 ; 1860, p. 123*), et cela alors même que le quinzième jour était un jour férié et qu'en fait l'arrêté est parvenu dans la ville où siége la cour le seizième jour seulement, d'où il faut conclure que le dépôt n'aurait eu lieu que le seizième jour. (*1853, p. 3 ; 1862, p. 759 ;*

*1860, p. 577 ; 1861, p. 823, 892 ; 1862, p. 861 ; 1863, p. 430 ; 1867, p. 858.)*

Le dépôt de l'arrêté comprend aussi les pièces visées par l'arrêté de conflit. Cette obligation ne s'étend pas aux autres pièces mentionnées dans celles visées par le conflit, et il ne faut pas étendre davantage l'article 11 qui, en établissant l'impossibilité du conflit si l'arrêté n'a pas été déposé dans la quinzaine, est muet sur les pièces. Si donc l'arrêté est déposé dans les délais et les pièces ultérieurement, l'arrêté sera valable.

Le greffe où doit avoir lieu le dépôt de l'arrêté de conflit est évidemment celui de la juridiction qui a statué sur le déclinatoire, et cela même lorsque la cour, saisie seulement d'un jugement interlocutoire et non du fond, a, par le même arrêt aux termes duquel elle a repoussé le déclinatoire, renvoyé les parties devant un autre tribunal. *(1858, p. 372 ; 1875, p. 57.)*

Si l'arrêté est déposé à un autre greffe que celui de la juridiction saisie, le conflit doit être annulé, même lorsque le préfet avait envoyé son arrêté au procureur du greffe compétent et ne l'a retiré de ses mains que sur ses observations. *(1857, p. 337.)* S'il avait laissé son arrêté de conflit entre les mains du procureur du greffe compétent, il eût ainsi satisfait à la loi et il n'eût pas été besoin de l'envoyer au greffe même. En effet, le but du dépôt est d'en donner communication au tribunal, et cette communication aurait toujours lieu par le procureur de la République. Le préfet a donc seulement précipité les délais et il ne faut pas se laisser égarer par le mot dépôt ; il n'y a lieu qu'à un *récépissé* sans frais. L'article 12, il est vrai, a stipulé que « si l'arrêté de conflit a été déposé en temps utile, le greffier le remettra immédiatement au procureur de la République, qui le communiquera au tribunal ». C'est précisément là une rédaction qui montre le peu d'importance qu'il faut attacher à la lettre de l'ordonnance ; car elle ferait croire ici que le greffier ne devrait remettre l'arrêté que s'il a été déposé en temps utile, ce qui le rendrait juge de la validité même du conflit.

L'arrêté remis au greffier ou directement au procureur de la République doit être communiqué aussi promptement que possible, pour se conformer à l'esprit de l'ordonnance, au tribunal, qui n'a autre chose à faire que de rendre un jugement conforme aux conclusions de sursis. Cette obligation est sanctionnée non-seulement par les articles 127 et 128 du Code pénal, mais encore par le paragraphe 2 de l'article 8 de l'ordonnance, et par la jurisprudence, qui valide les conflits régulièrement élevés et en assure les effets, alors même que l'autorité judiciaire, informée ou non par l'un de ses membres de l'existence du conflit, avait passé outre au jugement du fond.

La communication doit être faite dans la chambre du conseil. Il a paru plus convenable d'agir ainsi ; « il eût été dérisoire, a-t-on dit, que ce fût en audience publique et au moment où les juges sont saisis d'une affaire, que l'on vînt ainsi leur en arracher la connaissance ». (TAILLANDIER.)

La procédure qui suit le dépôt au greffe et la communication au tribunal est organisée par les articles 12 à 16 de l'ordonnance de 1828 et surtout le décret organique du 26 octobre 1849 : « Après la communication faite au tribunal, l'arrêté du préfet et les pièces sont rétablis au greffe, où ils resteront déposés pendant quinze jours. Le procureur en préviendra de suite les parties ou leurs avoués, lesquels pourront en prendre communication sans déplacement, et remettre, dans le même délai de quinze jours, au parquet du procureur, leurs *observations* sur la question de compétence avec tous les documents à l'appui (*art. 13*).

A l'expiration du délai de quinzaine, le procureur informe immédiatement le garde des sceaux de l'accomplissement des formalités, lui adresse toutes les pièces, c'est-à-dire la citation, les conclusions des parties, le déclinatoire, le jugement et l'arrêté de conflit avec ses propres observations et celles des parties ; la date de l'envoi est consignée sur le *registre du mouvement* (*art. 41*). Quelle que soit la tardiveté et l'intermittence apportées dans l'envoi des pièces, le conflit empêche l'instance de se périmer, et il faudra que le conflit soit jugé. (SIREY, *39, 1, 959. — C. d'État 18 déc. 1840 ; 1869, p. 53.*)

Dans les vingt-quatre heures de leur réception, le ministre adresse d'abord au procureur un récépissé énonciatif des pièces reçues, lequel sera déposé au greffe du tribunal aussitôt les pièces enregistrées au secrétariat du Tribunal des conflits. (*Art. 6, Ord. 12 mars 1831.*) Dans les cinq jours de l'arrivée, les arrêts de conflits et les pièces sont communiqués au ministre dans les attributions duquel se trouve placé le service auquel se rapporte le conflit. La date de la communication est consignée sur un registre *ad hoc*. Dans la quinzaine, le ministre fournit les observations et renseignements qu'il croit convenables sur la compétence. Les pièces sont rétablies au secrétariat du Tribunal ; immédiatement après l'enregistrement des pièces au secrétariat, un rapporteur est nommé par le président du Tribunal. Le rapport est lu en séance publique. Immédiatement après le rapport, les avocats des parties peuvent présenter leurs observations orales. Le commissaire du Gouvernement est ensuite entendu dans ses conclusions. (*Règl. 26 oct. 1849, art. 8.*) Les pièces seront rétablies au secrétariat du Tribunal des conflits.

« Le Tribunal des conflits ne peut valablement déli-
« bérer que si cinq de ses membres sont présents; mais
« lorsque, composé de huit membres, y compris son
« vice-président, le Tribunal s'est trouvé partagé sur
« la solution à intervenir, alors c'est au garde des
« sceaux, président de droit du Tribunal, n'ayant pas
« siégé à la séance de partage, qu'il appartient tout
« d'abord, avant d'appeler les suppléants, de remplir
« l'office de juge répartiteur. » (*Arrêt 14 janv. 1880,
p. 19.*)

« Il sera statué dans le délai de deux mois à partir
« de la réception des pièces au ministère ; si, un mois
« après l'expiration de ce délai, le tribunal primitive-
« ment saisi du litige n'a pas reçu notification de la
« décision rendue sur le conflit, il pourra procéder au
« jugement de l'affaire ». (*Ord. 12 mars 1831, art. 7.*)

Ajoutons que l'article 15 du règlement du 26 octobre 1849 confirme cet article 7 du 12 mars 1831 et suspend ces délais pendant les mois de septembre et octobre pour les vacances du Tribunal des conflits.

Quelles doivent être les conséquences de l'inobserva-tion des délais imposés par l'article 7 de l'ordonnance de 1831 ?

D'après l'avis de la commission de l'ordonnance de 1828, « l'ordonnance présente une utilité et des amé-
« liorations incontestables en permettant aux tribunaux
« de passer outre au jugement du fond si, dans l'es-
« pace d'un mois, il n'était pas statué sur le conflit, et

« en attribuant ainsi une sorte de sanction à l'obser-
« vation des délais dans une matière où la suppression
« de la justice est le plus grand mal qui puisse affecter
« l'ordre public et l'intérêt des particuliers ». Conformément à cet avis, l'article 16 de l'ordonnance du
1ᵉʳ juin 1828 portait : « Si les délais fixés expirent sans
qu'il ait été statué sur le conflit, l'arrêté qui l'a élevé
*sera considéré comme non avenu,* et l'instance pourra
être reprise devant les tribunaux. »

On s'est demandé si l'ordonnance de 1831 était aussi
rigoureuse que l'ordonnance de 1828, et si, faute par
le juge des conflits d'avoir prononcé dans les deux mois
qui lui sont impartis, ou si la notification du jugement
sur conflit a été effectuée en retard, l'arrêté de conflit
devient par cela même frappé de déchéance jusqu'à
permettre au tribunal d'obtempérer aux réquisitions
des parties et de reprendre aussitôt l'instance ? La Cour
de cassation ne l'a point pensé : « Attendu que l'on ne
retrouve pas dans l'article 7 de l'ordonnance de 1831
la déchéance que prononce l'article 16 de l'ordonnance
du 1ᵉʳ juin 1828, à l'égard de l'arrêté du préfet qui
avait élevé le conflit ; qu'on peut d'autant moins attribuer ce silence à une inadvertance ou le regarder
comme une simple omission ; qu'un changement aussi
« notable, aussi grave de rédaction, peut se justifier
« par la différence qui se rencontre entre le retard dans
« la notification d'une ordonnance rendue dans les
« délais, après décision contradictoire du Conseil d'É-
« tat, et l'arrêté du préfet qui élève un conflit ; que ces
« deux actes ne peuvent être mis sur la même ligne. »
(*30 juin 1835.*) Ainsi, le seul défaut de notification
dans le délai voulu n'entraîne pas la péremption du
jugement sur conflit, pourvu que la notification inter-

vienne avant la prononciation du jugement. (SIREY, *1835, 1, 499.*)

En second lieu, la Cour de cassation a pensé que si le jugement sur l'arrêté de conflit a été rendu après le délai de deux mois, mais avait été notifié avant l'expiration du troisième mois, il devait néanmoins avoir tous ses effets : « Attendu que si la disposition de l'ar-« ticle 7 de l'ordonnance de 1828 a été modifiée par « l'article 7 de l'ordonnance de 1831 ; qu'il se borne à « déclarer que si, un mois après l'expiration du délai de « deux mois, le tribunal n'a pas reçu notification du ju-« gement rendu sur conflit, il pourra procéder au juge-« ment de l'affaire ; que, d'après le dernier considérant « de l'ordonnance de 1831, la modification qu'elle ap-« porte à celle de 1828 était commandée par les délais « que nécessite la nouvelle forme de procéder pour « les affaires soumises au Conseil d'État ; que les tri-« bunaux ne peuvent pas prononcer une nullité que la « loi n'a pas formellement établie. » (*31 juill. 1837 ;* DALLOZ, v° *Conflit, p. 162 ;* SIREY, *1837, 1, 929.*)

Enfin et en troisième lieu, d'après la jurisprudence de la Cour de cassation, il nous semble nécessaire de déduire que, même dans le cas où le jugement sur l'ar-rêté de conflit aurait été rendu après les deux mois et la notification faite après le troisième mois de la récep-tion des pièces au ministère de la justice, le tribunal n'aurait pas le droit de considérer le conflit comme non avenu, du moment où la décision du Tribunal des conflits lui serait notifiée avant qu'il ait statué sur le fond du litige.

Ces diverses solutions se basent toutes, on l'a vu, sur la différence de rédaction des textes ; l'article 16 de l'ordonnance de 1828 *déclare l'arrêté non avenu après les délais ;* l'article **7** de l'ordonnance de **1831** donne la faculté au tribunal de *pouvoir procéder* au jugement. L'arrêté du **26** octobre **1849** reproduit cette sanction en quelque sorte facultative ou du moins suspensive : « *L'autorité judiciaire pourra procéder au jugement de l'affaire.* »

Le cours de la justice ne pouvait être indéfiniment suspendu, et l'on a déterminé un délai pour donner un droit au pouvoir judiciaire ; une fois les délais expirés, l'autorité judiciaire *peut* statuer et même, si les parties le demandent, doit statuer, parce que désormais l'autorité administrative est en retard et ne pourrait adresser aucune réclamation ; mais c'est un droit en suspens, et si l'autorité judiciaire n'en use pas, l'autorité administrative viendra en arrêter l'exercice par la notification du jugement du Tribunal des conflits. Pendant trois mois, l'autorité judiciaire est subordonnée à la revendication administrative ; au contraire, au bout de trois mois l'autorité administrative est subordonnée au droit de l'autorité judiciaire, qui va *pouvoir* exercer ses fonctions.

Dans ces différentes occurrences quel est le rôle des tiers ? D'abord, pendant les débats ont-ils qualité pour intervenir devant le Tribunal des conflits à l'effet de faire valider le conflit ? Il est vrai que l'article **21** du décret du **22** juillet **1806** permet aux *intéressés* de former une intervention dans les instances, en matière contentieuse, pendantes au Conseil d'État ; mais l'ordonnance de **1821**, en permettant des *observations* aux parties seulement, est bien loin d'accorder un *droit de défense ;* de même, le règlement de **1849** parle des *parties* et non des *tiers.* Les tiers ne sont donc pas admis à intervenir ( *13 déc. 1861* ). Une administration publique qui n'avait pas été partie au débat judiciaire à la suite duquel le conflit a été élevé, ne peut être admise non plus à présenter des observations. (*1866, p. 11, 16.*)

Quant aux parties intéressées elles-mêmes, nous savons que, après quelques hésitations du Conseil d'État (*24 avril 1808 et 19 janv. 1813*), les comités de législation et du contentieux décidèrent, en 1821, que les ordonnances sur conflit, même lorsque les parties ont été entendues, conservent le caractère d'actes de haute administration, sans pouvoir être assimilés à des arrêts. Il s'ensuit que les parties ont seulement la faculté de présenter des observations, mais elles ne peuvent demander à intervenir ni à prendre des conclusions tendant à une condamnation aux dépens contre la partie adverse. (*31 avril 1847, 20 mai 1850, 26 déc. 1857 ; 1861, p. 894.*)

Ajoutons que les parties, si elles n'usent pas de la faculté qui leur est accordée, ne pourront, par leur abstention, avoir aucune influence sur les conséquences du conflit. Il leur sera loisible de s'adresser directement au Tribunal des conflits par des mémoires signés d'elles ou d'avocat au Conseil d'État jusqu'au jugement définitif sur le conflit et même se faire défendre oralement à l'audience publique. (*Ord. 12 déc. 1821, art. 5, et art. 4, Règl. 26 oct. 1849.*)

Ensuite, après les débats et le jugement sur le conflit, les parties ont-elles des droits d'opposition, tierce opposition et de requête civile ? La négative nous paraît incontestable avec l'ordonnance de 1821 : « Il sera passé outre... sans qu'il y ait lieu à opposition ni à rescision des ordonnances intervenues. » L'article 13 de l'ordonnance de 1828 a été rédigé dans le même esprit.

Enfin, l'article 10 du règlement de 1849 porte : « Les décisions du Tribunal des conflits ne sont pas susceptibles d'opposition. »

D'ailleurs, les formes mêmes de la procédure rendent ces voies inadmissibles : car les parties n'étant pas assignées à comparaître et à constituer un avocat, elles ne pourraient pas se dire jugées par défaut et elles ne sont même pas appelées au débat. Quant à la requête civile, les longueurs de sa procédure ne semblent pas compatibles avec l'esprit de procédure des conflits : le règlement de 1849 n'étend pas aux conflits le décret du 22 juillet 1806 qui contient les formes de procédure à suivre *devant le Conseil d'État* et non *devant le Tribunal des conflits*. Rien n'autorise la requête civile dans le règlement de 1849.

---

## CHAPITRE VI.

### Quels sont les effets des décisions sur conflits ?

L'arrêté de conflit est annulé ou il est confirmé, ou encore il n'y a pas lieu à statuer.

I. — *L'arrêté de conflit est annulé,* soit pour vices de forme, soit comme mal fondé.

Si l'arrêté est annulé au fond, il ne peut plus être reproduit ni en appel, ni après l'arrêt de cassation. Il y a autorité de la chose jugée, et la décision du Tribunal des conflits doit s'exécuter. (*8 avril 1852.*) L'autorité judiciaire demeure complétement saisie et la procédure reprend son cours devant les tribunaux, et le préfet n'a plus le droit de représenter à nouveau son arrêté de conflit en cour d'appel. (*1852, p. 92.*)

Si l'arrêté est annulé en la forme comme tardif ou irrégulier, ou pour incompétence du préfet, il pourra être reproduit, car l'arrêté n'a pas été apprécié au fond : *Quod nullum est, nullum producit effectum.* L'ordonnance de 1828 prévoit un cas : celui où il a été élevé irrégulièrement en première instance *après les délais*. L'article 11 de l'ordonnance du 1ᵉʳ juin 1828 porte : « Si, dans le délai de quinzaine, cet arrêté n'avait pas été déposé au greffe, le conflit ne pourrait plus être élevé devant le tribunal saisi de l'affaire » ; alors, dans le cas où le conflit a été déclaré irrégulier par inobservation de l'article 11, il y aura lieu de l'élever en appel, si les parties portent plus tard appel du jugement à intervenir sur le fond ; mais on ne pourra l'élever devant la même juridiction, la même cour ou le même tribunal. Ainsi lorsque la nullité provient du dépôt tardif au greffe, le nouveau conflit est impossible ; ce n'est là, d'après la jurisprudence, qu'une exception, et il semble établi par l'unanimité des arrêts que, sauf l'annulation pour inobservation de l'article 11, le conflit annulé pour tout autre vice de forme ou irrégularité peut être représenté devant la même juridiction. (*29 juin 1842, 15 déc. 1842, 9 janv. 1843, 5 févr. 1857.*) Aussi, quelle que soit l'opinion doctrinale que l'on ait à cet égard, la jurisprudence, en l'espèce, « devrait servir de règle à l'administration et aux tribunaux ». (M. REVERCHON, vº *Conflits.*)

II. — *L'arrêté de conflit est validé.*

Alors la procédure et les jugements ou arrêts rendus sont considérés comme non avenus. Quelquefois même les actes et procédures qui en sont la suite sont également annulés, et cette clause éventuelle peut être utile lorsque le tribunal n'a pas sursis par ignorance du conflit ou par abus de pouvoirs. Dans le cas où le tribunal ou la cour auraient non-seulement attesté leur compétence, mais encore auraient jugé le fond du litige, la décision qui valide le conflit annule par cela même le jugement sur la compétence et celui sur le fond.

Désormais, les tribunaux ne peuvent plus s'occuper de l'affaire. Ainsi ils ne pourront dire que la décision annulée doit recevoir une exécution quelle qu'elle soit, sous prétexte qu'il s'agit d'interpréter l'arrêt sur conflit. (*17 nov. 1812.*) Les tribunaux ne pourront apprécier une demande en indemnité pour travaux publics du moment où le Tribunal des conflits a déclaré que le conseil de préfecture devait seul en connaître. (*8 mai 1840.*) Lorsque, pendant l'instance en cassation, le Tribunal des conflits annule le jugement ayant donné lieu à l'appel, l'arrêt lui-même est annulé, et il n'y a pas lieu à statuer sur le pourvoi. (*27 déc. 1808.*)

Enfin, l'autorité de la chose jugée ne saurait appartenir à un jugement annulé par décret sur conflit. (*1874, p. 675.*)

Quant au Tribunal des conflits lui-même, il ne peut évoquer le fond de l'affaire ; sa décision ne doit pas toucher au procès, et n'indique même pas la compétence du tribunal à saisir ; en thèse générale, il excéderait l'objet de sa mission, s'exposerait à excéder les nécessités de la justice, et enfin ne lierait pas nécessairement le corps dont il énumérerait la compétence. Cependant l'opinion peut ressortir des termes, des motifs ou des visas de ses décisions ; il peut l'indiquer pour éviter que les parties s'adressent à un tribunal administratif incompétent.

Le Tribunal des conflits n'a pas à statuer davantage sur les dépens : la juridiction administrative est complétement incompétente à cet égard, même dans le cas où l'autorité judiciaire a également déclaré son incompétence pour en connaître. (*3 nov. 1835, 18 avril 1861 et 16 mai 1875.*) Toutefois, en cas de confirmation pure et simple de conflit, il a été décidé, le 24 février 1844, « que l'ordonnance du 8 janvier 1844, intervenue sur conflit, ayant complétement dessaisi l'autorité judiciaire et attribué à l'autorité administrative la connaissance du débat, le conseil de préfecture appelé à statuer sur le litige, en prononçant sur la totalité des dépens, même sur les frais faits devant le tribunal civil, n'excède pas les limites de sa compétence. En tout cas, c'est là le pouvoir du juge où le litige est renvoyé, mais non du Tribunal des conflits. En effet, les parties n'y sont pas appelées et on ne sait quelle partie succombera en définitive. Seule l'administration obtient là un triomphe de principes. Plus tard, devant le tribunal de renvoi, le défendeur pourra dire : « Un tribunal incompétent a été saisi ; c'est la faute du demandeur. » Il est vrai qu'on peut lui reprocher de n'avoir pas proposé non plus l'incompétence et dès lors, par son silence, qui équivaut à une acceptation, d'être aussi coupable que le demandeur. Les dépens seront donc en commun comme accessoires du procès sur le fond. Ce sera une question de fait.

Le Tribunal des conflits peut annuler et confirmer en partie l'arrêté ; au fond, le résultat est le même, car les observations des deux premières hypothèses seront applicables.

Enfin, en cas d'interprétation nécessaire sur le jugement de conflit, que faudrait-il faire ? D'après M. Boulatignier, les préfets ne seraient pas plus recevables que les parties à demander directement l'interprétation du jugement rendu sur le conflit. Ce genre de recours ne se trouve ni prévu ni organisé. C'est indirectement et par des voies qui diffèrent avec les cas, que l'on peut arriver à obtenir cette interprétation si elle est nécessaire. Nous croyons donc que les doutes que peut comporter leur application doivent se formuler comme question de compétence devant l'autorité qui se trouve saisie après que le conflit a été vidé, sauf au préfet à proposer au besoin un nouveau déclinatoire et à s'armer encore une fois du conflit si cette autorité est l'autorité judiciaire.

III. — Enfin, il existe des cas où il n'y a pas lieu à statuer par le Tribunal des conflits :

1° Lorsqu'une loi postérieure à l'arrêté de conflit détermine la compétence des différentes autorités à l'égard du litige (*Ord. 31 août 1828, 2 avril 1852*) ;

2° Lorsque la partie qui avait introduit le litige reconnaît l'incompétence de l'autorité judiciaire par un acte de désistement ou par une transaction (*Ord. 22 févr. 1833, 10 févr. 1853; 1851, p. 655 et 131*) ;

3° Lorsque la Cour de cassation, saisie en même temps d'un pourvoi contre l'arrêt qui avait admis la compétence judiciaire, avait cassé cet arrêt (*19 juill. 1855, p. 541*) ;

4° Lorsque le tribunal correctionnel avait déclaré prescrite l'action à propos de laquelle le conflit revendiquait une question préjudicielle (*4 juin 1857, p. 442*).

# TROISIÈME PARTIE

## DES CONFLITS NÉGATIFS.

Il y a conflit négatif quand les autorités judiciaire et administrative, simultanément saisies du litige, nient leur compétence ; c'est là une rivalité négative qui apporte un obstacle au cours de la justice. Pendant longtemps, aucun texte ne s'est occupé de cette lutte d'abstention ; l'ordonnance du 12 décembre 1821 n'y voit qu'un règlement de juges. « En ce qui concerne les règlements de juges entre l'administration et les tribunaux, qualifiés de conflits négatifs, il y sera procédé comme par le passé. » L'ordonnance de 1828 ne s'en occupa point ; le règlement du 26 octobre 1849 (*art. 17 à 24*), relatif aux formes de procéder devant le Tribunal des conflits, a été remis en vigueur par l'article 27 de la loi du 27 mai 1872, et c'est le seul document organisant la procédure des conflits négatifs par ses articles 17 à 25. (*Voir aux annexes.*)

Nous allons examiner, à l'égard du conflit négatif, les questions suivantes :

I. Quand y a-t-il conflit négatif ?

II. Quelle autorité statue ?

III. Quelles personnes ont qualité pour se pourvoir ?

IV. Quelle est la procédure à suivre ?

V. Quels sont les effets du jugement du conflit négatif ?

# CHAPITRE I<sup>er</sup>

## Quand y a-t-il conflit négatif ?

Il faut trois conditions :

1° *Les deux autorités ont eu à se prononcer sur le même litige.*

Il n'y aurait pas de conflit négatif si les deux déclarations successives d'incompétence n'étaient pas intervenues entre les mêmes parties et sur le même litige. (*18 févr. 1858, p. 158; 1874, p. 244; 9 déc. 1858, 18 déc. 1862.*) Par exemple, lorsque sur le renvoi par l'administration d'un comptable devant les tribunaux pour une question de faux, le comptable ne présente qu'une demande en révision de compte et que le tribunal déclare la question administrative, il n'y a pas conflit négatif; de même, un conseil de préfecture a autorisé une commune à plaider, et le tribunal déclare la question administrative : le conseil n'ayant agi qu'en qualité de tuteur pourra néanmoins être appelé à juger du fond du litige, il n'y a pas conflit.

Il n'y a pas conflit négatif si, à propos d'un droit de passage sur un chemin, le conseil de préfecture s'est déclaré incompétent pour apprécier la question de servitude, tandis que, de son côté, le tribunal a refusé d'apprécier l'existence et le droit du chemin. (*Ord. 31 juill. 1822.*)

Il y a conflit négatif lorsque le conseil de préfecture se déclare incompétent sur une décision qui lui a été renvoyée par l'autorité judiciaire, et le Conseil d'État appelé à statuer par la voie d'appel sur l'arrêté du conseil de préfecture devra prononcer le conflit, s'il en est requis. (*1859, p. 115.*)

*2° Des deux juridictions saisies, l'une doit être compétente.*

D'une part, si le conflit s'élève entre deux autorités de même ordre, il n'y a lieu qu'à un règlement de juges qui, pour les matières civiles et criminelles, aboutirait à la Cour de cassation (*Code proc. art. 365, et Code instr. crim. art. 525*), et qui, s'il s'agissait de fonctionnaires administratifs, aboutirait au Conseil d'État.

D'autre part, si les deux juridictions ont été saisies du litige à tort et mal à propos, si les parties, au lieu de s'adresser à elles, devaient s'adresser à une troisième juridiction, par exemple à un tribunal de commerce, il y a là une affaire mal engagée, une action mal dirigée ; mais le cours de la justice n'est pas entravé et il n'y a lieu à conflit négatif que si l'une des juridictions saisies est compétente.

Il n'y a pas conflit négatif lorsque les deux juridictions administrative et judiciaire ont, avec raison, décliné, l'une et l'autre, leur propre compétence. (*12 mai 1877, p. 455; 24 nov. 1877, p. 927.*)

Ainsi, le conflit négatif ne serait pas possible si l'on se trouvait en présence du refus de juger de l'autorité judiciaire, d'une part, et, d'autre part, d'un préfet dans une question appartenant au ministre de la guerre sur le service des vivres, ou d'un conseil de préfecture dans une question appartenant au Conseil d'État sur une contrainte financière, ou d'un conseil privé des colonies dans une question appartenant au ministre de la marine sur les actes d'un intendant colonial, ou d'un conseil de préfecture sur une contestation appartenant au préfet ou au ministre des travaux publics sur les associations syndicales. D'ailleurs, de même, il n'y aura pas conflit négatif lorsque le conseil de préfecture s'est déclaré incompétent pour statuer sur la demande en dommages-intérêts formée contre un entrepreneur de travaux publics par un propriétaire, à raison d'extractions de matériaux faites par cet entrepreneur pour des travaux autres que ceux en vue desquels il avait été autorisé, par le préfet, à faire ces extractions, et lorsque, d'un autre côté, le tribunal correctionnel a renvoyé l'entrepreneur de la plainte portée contre lui en soustraction frauduleuse de matériaux. (*1862, p. 836.*)

Au contraire, il y aura conflit négatif lorsque l'autorité judiciaire, s'étant déclarée *à tort* incompétente, le demandeur, dont elle a refusé d'examiner l'action, ayant porté sa demande devant le conseil de préfecture qui l'a jugée, mais l'a rejetée, porte la décision du conseil de préfecture au Conseil d'État, et conclut à ce que le Conseil d'État, après l'avoir annulée pour incompétence, annule également la décision de l'autorité judiciaire. Dans ce cas, le Conseil d'État pourrait déclarer d'office le conflit négatif, même sans que des conclusions aient été prises à cet égard. (*1857, p. 61; 1862, p. 581; 1857, p. 58.*)

Il y a conflit négatif lorsque, en Algérie, un conseil de préfecture et un tribunal correctionnel se sont déclarés incompétents pour juger une contravention de grande voirie. (*1865, p. 695.*)

3° *Les deux autorités se sont dessaisies complétement du litige.*

Si, par exemple, l'autorité judiciaire a renvoyé les parties devant l'autorité administrative ès fin de faire apprécier l'existence d'un chemin, mais ne s'est pas prononcée sur le fond, il y a conflit. (*Ord. 18 juill.*

*1821.*) De même, l'autorité judiciaire a renvoyé, a ordonné un sursis jusqu'à ce que l'administration ait interprété un acte administratif; mais l'administration, ou refuse d'interpréter, ou déclare l'acte administratif insuffisant pour l'appréciation du litige, il n'y a pas lieu à conflit négatif.

Enfin, lorsqu'une des parties, après avoir formé une demande en règlement de juges devant le Conseil d'État sur conflit négatif, a posé des conclusions à fin de sursis et des conclusions au fond devant le tribunal civil qui y a statué par des jugements ayant acquis l'autorité de la chose jugée, la requête en règlement de juges doit être rejetée comme devenue sans objet. (*10 févr. 1877, p. 157; 28 févr. 1873, p. 199.*)

Il y a conflit négatif lorsque, par jugement passé en force de chose jugée, l'autorité judiciaire s'est déclarée incompétente et que le Conseil d'État a rendu un décret qui la dit compétente. (*1855, p. 367.*) Mais il ne faut pas croire que tant qu'il reste aux parties un moyen de faire redresser l'erreur par les voies ordinaires de la hiérarchie administrative ou judiciaire, le conflit soit impossible. Sans doute, elles le peuvent et, si bon leur semble, elles pourront épuiser toutes les voies, celle du conflit restera ouverte; mais si elles n'osent pas courir les chances, les délais, les frais, tous les ennuis de la procédure, elles pourront faire rétablir de suite le cours de la justice, prouver que les autres conditions de conflit existent, bien que les deux décisions ne soient pas en dernier ressort. (*15 juin 1847.*) C'est ce qui se passe en matière judiciaire, où on peut prendre la voie du règlement de juges sans avoir épuisé tous les degrés de juridiction. L'ordonnance de 1737 avait porté: « Voulant que toutes sentences rendues sur déclinatoire soient portées immédiatement devant nos Cours chacune dans son ressssort. » Mais la Cour de cassation a établi une juridiction toute contraire : « Attendu que le Code de procédure, par l'article 1041, abroge toutes lois, coutumes, usages et règlements, qu'ainsi l'ordonnance de 1737 ne peut être appliquée ; — attendu que l'article 363 du même Code autorise le règlement de juges aussi bien pour le conflit négatif que pour le conflit positif, et qu'aucune loi n'impose l'obligation de recourir exclusivement à la voie de l'appel contre les jugements rendus sur la compétence ..» (*Cass. 20 janv. 1841.*)

---

# CHAPITRE II.

**Quelle autorité doit statuer sur le conflit négatif ?**

C'est évidemment une autorité supérieure commune aux deux autorités en cause ; avant la loi des 7-14 octobre 1790, c'était le pouvoir royal ; aujourd'hui, c'est le Tribunal des conflits, parce que si la loi de 1872 n'en parle pas, elle ne l'exclut pas non plus, puisqu'elle renvoie les conflits d'attributions en général au règlement de 1849. Ce règlement, attribuant la compétence des conflits positifs et négatifs à la fois au Tribunal des conflits, il faut le considérer comme remplaçant le supérieur commun.

---

# CHAPITRE III.

## Quelles personnes ont qualité pour se pourvoir ?

Le caractère du débat n'est plus le même que pour le conflit positif; l'administration n'est pour ainsi dire pas en cause, la double déclaration d'incompétence ne l'a pas lésée, n'a pas atteint ses prérogatives; elle né demande, ne revendique rien. Si l'intérêt public est engagé, c'est par le déni de justice qui arrête le cours du litige, mais les parties qui, ordinairement, ne sont pas d'accord sur l'autorité compétente pour juger la contestation, ont seules le droit de savoir s'il leur convient de délaisser ou de poursuivre la lutte. En thèse générale, l'administration ne pourra donc intervenir que comme partie en cause.

Cependant, le préfet pourra provoquer le règlement en conflit négatif lorsqu'il représentera les intérêts du département ou des associations syndicales de communes pour chemins vicinaux de grande communication. De même, comme représentant l'État, le ministre dans les attributions duquel se trouve placé le service public que l'affaire concerne, par exemple, le ministre de la guerre pour les servitudes militaires. Et encore le ministre de la justice peut proposer au Conseil d'État de vider certains conflits négatifs sans provocation des parties, lorsque la déclaration d'incompétence émane, d'une part, de l'autorité administrative et, de l'autre, d'un tribunal statuant en matière de simple police ou de police correctionnelle. Il agit alors comme chef de la justice chargé du maintien de la juridiction.

# CHAPITRE IV.

## Quelle est la procédure du conflit négatif?

Nous n'avons qu'à reproduire simplement l'arrêté de 1849 : « Le recours est formé par requête signée « d'un avocat au Conseil d'État (*art. 17*). Le recours « doit être communiqué aux parties intéressées (*art. 20*). « Lorsque le recours est formé par des particuliers, « l'ordonnance de *soit communiqué* rendue par le mi- « nistre de la justice, président du Tribunal des con- « flits, doit être signifiée par les voies de droit dans le « délai d'un mois (*art. 21*). Lorsque le recours est « formé par un ministre, il en est dans le même délai « donné avis à la partie intéressée par la voie adminis- « trative (*art. 22*). La partie à laquelle la notification a « été faite est tenue, si elle réside sur le continent, de « répondre et de fournir ses défenses dans le délai « d'un mois à partir de la notification. A l'égard des « colonies et des pays étrangers, les délais seront réglés « ainsi qu'il appartiendra par l'ordonnance de *soit com-* « *muniqué* (*art. 23*). Les parties intéressées peuvent « prendre par elles-mêmes ou leurs avocats communi- « cation des productions au secrétariat, sans dépla- « cement et dans le délai déterminé par le rapporteur « (*art. 24*). »

En somme, le conflit négatif constituant une affaire contentieuse, on peut lui appliquer les dispositions d'un règlement de juges, sauf certaines restrictions parmi lesquelles nous remarquons : 1° que le délai ne peut être fixe, puisque les parties sont libres de deman- der le règlement de juges; mais si elles procèdent par voie d'appel, elles doivent observer les délais d'appel. Ainsi il y a conflit négatif lorsque le conseil de préfecture s'est déclaré incompétent, ainsi qu'une commission spéciale sur une question de travaux publics; le Conseil d'État n'a pu renvoyer l'affaire au conseil de préfecture par voie de conflit négatif, la partie qui réclamait l'annulation de la décision ayant laissé expirer le délai du recours devant le Conseil d'État (*1861, p. 50*) ; 2° que le recours du demandeur qui doit être communiqué peut ne pas l'être sans faire encourir la déchéance complète, puisque, après la déchéance prononcée, les parties restant encore sans juges seraient fondées à introduire une nouvelle demande; 3° que le délai imparti au défendeur permet au Tribunal des conflits de le condamner par défaut sans que la décision fût susceptible d'opposition, puisque l'article 10 dudit règlement est compris dans les dispositions communes aux conflits positif et négatif.

# CHAPITRE V.

### Quels sont les effets du jugement de conflit négatif ?

La décision qui intervient déclare quelle autorité était compétente pour connaître de la contestation, annule les décisions par lesquelles cette autorité s'est déclarée incompétente et renvoie les parties devant elle pour y faire juger leurs différends.

Du reste, le renvoi devant le tribunal qui avait été saisi ne lie pas ce tribunal sur les questions de compétence qui n'étaient pas engagées dans le règlement du conflit négatif; il n'empêche pas de soutenir que le tribunal, déclaré compétent par le Conseil d'État « *ratione materiæ* », est incompétent « *ratione personæ* », et réciproquement, dans le cas où il s'agirait de questions commerciales, par exemple.

On prétend que toutes les conséquences qui résultent du jugement dérivent toutes de son caractère contentieux. Le Tribunal des conflits a pour ainsi dire prononcé un règlement de juges comme ferait la Cour de cassation entre deux juges de paix ou deux cours; il y a eu un débat d'intérêts particuliers que les parties seules peuvent ouvrir, et contre le règlement duquel elles ont le droit de protester dans les limites que leur accorde l'organisation des conflits; dès lors, les décisions seraient susceptibles d'opposition et de tierce opposition.

Nous ne croyons pas cette solution admissible en présence des termes absolus de la loi de 1852 d'une part, qui s'en réfère complétement au décret organique des conflits du 26 octobre 1849, et de ce décret d'autre part, qui, par son article 10, déclare « *que les décisions du Tribunal des conflits ne seront pas susceptibles d'opposition* ». D'ailleurs, les conflits négatifs ne gardent pas toujours leur analogie avec les règlements de juges, puisque, par exemple, le défendeur ne pourrait se prévaloir des déchéances établies par inobservation des délais pour défaut de signification de l'ordonnance de *soit communiqué* dans le délai de l'article 12 du décret du 22 juillet 1806. Les conflits négatifs ne se vident pas non plus selon les formes et les règles du contentieux, et ici enfin, comme dans les conflits positifs, les tiers, une fois le conflit élevé par les intéressés, ont droit à des *observations,* à des *communications,* mais non à des *conclusions* proprement dites et dans le sens qu'on y attache dans les actions civiles; ils n'ont pas le *droit de défense* comme une *partie dans un procès.* Dès lors, l'intérêt public reprend ses droits, ses moyens et ses conséquences.

# QUATRIÈME PARTIE.

## LÉGISLATION COMPARÉE.

D'après M. Block, en Angleterre la juridiction administrative n'existant qu'à l'état embryonnaire, il ne saurait y avoir de conflits ; il ne peut y avoir de doute que sur la compétence, et, dans ce cas, la Cour du Banc de la Reine indique la juridiction ou le juge. Suivant M. Gneist, le Banc de la reine dispose des moyens suivants : « Le *writ of mandamus* en cas de conflit négatif ou de déni de justice ; le *writ of prohibition* en cas d'excès de pouvoir ; le *writ of certiorari* en cas d'évocation d'une affaire pour l'enlever à une cour et l'attirer au Banc de la reine. »

La Prusse a adopté, le 8 avril 1847, notre législation avec de légères modifications. La loi du 13 février 1854 n'a fait que la compléter. Le conflit est jugé par un tribunal des conflits, composé de membres de l'administration faisant partie du Conseil d'État, par exemple, des directeurs dans les ministères et les membres du tribunal supérieur (quatre administrateurs et cinq juges). Les particuliers peuvent poursuivre quelquefois les fonctionnaires en raison des actes commis dans l'exercice de leurs fonctions. La loi du 26 décembre 1808 avait entravé ces poursuites ; la Constitution de 1850 (*art. 97*) les a rétablies sans autorisation nécessaire. La loi du 13 février 1840 a conféré à l'administration le droit d'élever le conflit dans ce cas, si elle le juge à propos.

En Portugal et en Italie, le conflit est jugé par le Conseil d'État. (*20 mars 1865, art. 10, et Loi sur les conflits du 20 nov. 1869.*)

En Bavière, c'est un tribunal spécial composé de trois administrateurs et de quatre juges. (*Loi de 1850.*)

En Autriche, c'est le *tribunal de l'empire.* (*L. 21 déc. 1867.*)

En Suède, c'est un tribunal suprême du roi, composé de 12 membres au moins et 18 au plus.

En Espagne, avant 1868, c'était le conseil des ministres.

Dans les Pays-Bas et les pays scandinaves, également par le conseil des ministres.

D'après M. Flourens, en Belgique, aux termes de l'article 106 de la Constitution, c'est la Cour de cassation qui se trouve érigée en régulatrice souveraine du pouvoir exécutif comme du pouvoir judiciaire. Ses arrêts constituent la règle et le code suprêmes de l'action administrative.

Au Brésil, un tribunal suprême composé de jurisconsultes pris dans les cours d'après l'ancienneté prononce sur les conflits de juridiction et de compétence entre les cours provinciales.

Pour les détails de ces législations étrangères, on peut consulter avec fruit l'ouvrage de MM. Laferrière et Batbie : *les Constitutions d'Europe et d'Amérique.*

# PRINCIPAUX OUVRAGES CITÉS ET CONSULTÉS

*Résolutions des plus importantes questions de la coutume et du barreau, et de plusieurs cas de conscience*, par messire Roger-André de la Paluelle, 1746. — *Décisions et jurisprudence*, par Denizart, 1771. — *Dictionnaire* de Moreri. — Lois, décrets et ordonnances rapportés et annotés par Duvergier, 1828, 1848, 1850 et 1872. — *Questions de droit administratif*, par de Cormenin, 1837. — *Éléments de droit public et administratif*, par Foucart, 1839. — *Répétitions de droit administratif*, par Cabantous, 1854. — *Traité général de droit administratif*, par Dufour. — *Cours de droit administratif*, par M. Trolley, ancien professeur à Caen. — *Études administratives*, par Vivien, membre de l'Institut, 1859. — *Principes généraux de droit, de politique et de législation*, par Pradier-Fodéré, 1868. — *Traité de l'organisation de la compétence*, par Serrigny, 1865. — *Une procédure de conflit en 1789*, par Dareste, dans la *Revue de législation*, 1852. — *Revue critique de législation*, 1851, 1852, 1853. — *De la Séparation des pouvoirs et de la juridiction administrative*, article publié dans la *Revue pratique de droit français*, par M. E. Dramard, juge. — *Cours de droit administratif*, par Ducrocq, 1874. — *Organisation judiciaire et administrative de la France et de la Belgique*, par Em. Flourens, 1875.

Nous signalons particulièrement le *Dictionnaire général d'administration*, v° *Conflits*, par M. Boulatignier (1857); et le *Dictionnaire de l'administration française*, par M. Maurice Block, v° *Conflits*, par M. E. Reverchon (1875). Ce sont deux remarquables traités dont nous n'avons eu souvent qu'à reproduire les termes, on peut dire les décisions.

Nota. — Pour les ordonnances royales et pour les arrêts du Conseil d'État, il est renvoyé au Recueil desdits arrêts, édition Lebon.

# ANNEXES

———

## Loi du 24 mai 1872 réorganisant le Conseil d'État et le Tribunal des Conflits.

Cette loi, proposée par le Gouvernement le 1er juin 1871, a été l'objet de trois rapports par M. Batbie les 29 janvier, 25 avril et 23 mai 1872 ; discutée les 19 février, 29 et 30 avril, 1er, 2, 3, 23 et 24 mai de la même année, elle a été promulguée à l'*Officiel* le 31 mai 1872. (Voir le *Journal officiel* des 19 juin 1871, 19 et 20 février, 28 et 30 avril, 1er, 2, 3, 4, 24, 25 et 31 mai 1872.)

Après avoir établi la composition du Conseil d'État, les fonctions du Conseil et la procédure devant le Conseil, le législateur a traité des conflits et du Tribunal des conflits.

TITRE IV. — Des conflits et du Tribunal des conflits.

Art. 25. — Les conflits d'attributions entre l'autorité administrative et l'autorité judiciaire sont réglés par un tribunal spécial composé : 1° du garde des sceaux, président ; 2° de trois conseillers d'État en service ordinaire, élus par les conseillers en service ordinaire ; 3° de trois conseillers à la Cour de cassation, nommés par leurs collègues ; 4° de deux membres et deux suppléants, qui seront élus par la majorité des autres juges désignés aux paragraphes précédents.

Les membres du Tribunal des conflits sont soumis à réélection tous les trois ans et indéfiniment rééligibles.

Ils choisissent un vice-président au scrutin secret et à la majorité absolue des voix.

Ils ne pourront délibérer valablement qu'au nombre de cinq membres présents au moins.

Art. 26. — Les ministres ont le droit de revendiquer devant le Tribunal des conflits les affaires portées à la section du con-

tentieux et qui n'appartiendraient pas au contentieux administratif.

Toutefois, ils ne peuvent se pourvoir devant cette juridiction
qu'après que la section du contentieux a refusé de faire droit à
la demande en revendication qui doit lui être préalablement
communiquée.

Art. 27. — La loi du 4 février 1850 et le règlement du 28 octobre 1849 sur le mode de procéder devant le Tribunal des conflits sont remis en vigueur.

---

## Ordonnance du 1er juin 1828 (promulguée le 11), sur les conflits d'attributions entre les tribunaux et l'autorité administrative.

CHARLES, etc.;

Vu la loi du 14 octobre 1790, et l'article 27 de la loi du
21 fructidor an III (7 septembre 1795) ;

Vu le travail à nous présenté par la commission formée par
arrêté de notre garde des sceaux, en date du 16 janvier dernier ;

Sur le rapport de notre garde des sceaux, ministre secrétaire
d'État au département de la justice ;

Nous avons ordonné et ordonnons ce qui suit :

Art. 1er. — A l'avenir, le conflit d'attributions entre les tribunaux et l'autorité administrative ne sera jamais élevé en matière
criminelle.

Art. 2. — Il ne pourra être élevé de conflit en matière de
police correctionnelle que dans les deux cas suivants :

1° Lorsque la répression du délit est attribuée, par une disposition législative, à l'autorité administrative ;

2° Lorsque le jugement à rendre par le tribunal dépendra
d'une question préjudicielle dont la connaissance appartiendrait
à l'autorité administrative en vertu d'une disposition législative.

Dans ce dernier cas, le conflit ne pourra être élevé que sur la
question préjudicielle.

Art. 3. — Ne donneront pas lieu au conflit :

1° Le défaut d'autorisation, soit de la part du Gouvernement lorsqu'il s'agit de poursuites dirigées contre ses agents, soit de la part du conseil de préfecture lorsqu'il s'agira de contestations judiciaires dans lesquelles les communes ou les établissements publics seront parties ;

2° Le défaut d'accomplissement des formalités à remplir devant l'administration préalablement aux poursuites judiciaires.

Art. 4. — Hors le cas prévu ci-après par le dernier paragraphe de l'article 8 de la présente ordonnance, il ne pourra jamais être élevé de conflit après des jugements rendus en dernier ressort ou acquiescés, ni après des arrêts définitifs.

Néanmoins, le conflit pourra être élevé en cause d'appel s'il ne l'a pas été en première instance ou s'il l'a été irrégulièrement après les délais prescrits par l'article 8 de la présente ordonnance.

Art. 5. — A l'avenir, le conflit d'attributions ne pourra être élevé que dans les formes et de la manière déterminées par les articles suivants.

Art. 6. — Lorsqu'un préfet estimera que la connaissance d'une question portée devant un tribunal de première instance est attribuée, par une disposition législative, à l'autorité administrative, il pourra, alors même que l'administration ne serait pas en cause, demander le renvoi de l'affaire devant l'autorité compétente. A cet effet, le préfet adressera au procureur du roi un mémoire dans lequel sera rapportée la disposition législative qui attribue à l'administration la connaissance du litige.

Le procureur du roi fera connaître, dans tous les cas, au tribunal, la demande formée par le préfet, et requerra le renvoi si la revendication lui paraît fondée.

Art. 7. — Après que le tribunal aura statué sur le déclinatoire, le procureur du roi adressera au préfet, dans les cinq jours qui suivront le jugement, copie de ses conclusions ou réquisitions et du jugement rendu sur la compétence.

La date de l'envoi sera consignée sur un registre à ce destiné.

Art. 8. — Si le déclinatoire est rejeté dans la quinzaine de cet envoi pour tout délai, le préfet du département, s'il estime qu'il y ait lieu, pourra élever le conflit. Si le déclinatoire est admis, le préfet pourra également élever le conflit dans la quinzaine qui suivra la signification de l'acte d'appel, si la partie interjette appel du jugement.

Le conflit pourra être élevé dans ledit délai, alors même que le tribunal aurait, avant l'expiration de ce délai, passé outre au jugement du fond.

Art. 9. — Dans tous les cas, l'arrêté par lequel le préfet élèvera le conflit et revendiquera la cause devra viser le jugement intervenu et l'acte d'appel, s'il y a lieu ; la disposition législative qui attribue à l'administration la connaissance du point litigieux y sera textuellement insérée.

Art. 10. — Lorsque le préfet aura élevé le conflit, il sera tenu de faire déposer son arrêté et les pièces y visées au greffe du tribunal.

Il lui sera donné récépissé de ce dépôt, sans délai et sans frais.

Art. 11. — Si, dans le délai de quinzaine, cet arrêté n'avait pas été déposé au greffe, le conflit ne pourrait plus être élevé devant le tribunal saisi de l'affaire.

Art. 12. — Si l'arrêté a été déposé au greffe en temps utile, le greffier le remettra immédiatement au procureur du roi, qui le communiquera au tribunal réuni dans la chambre du conseil, et requerra que, conformément à l'article 27 de la loi du 21 fructidor an III, il soit sursis à toute procédure judiciaire.

Art. 13. — Après la communication ci-dessus, l'arrêté du préfet et les pièces seront rétablies au greffe, où ils resteront déposés pendant quinze jours. Le procureur du roi en préviendra de suite les parties ou leurs avoués, lesquels pourront en prendre communication sans déplacement, et remettre, dans le même délai de quinzaine, au parquet du procureur du roi, leurs observations sur la question de compétence, avec tous les documents à l'appui.

Art. 14. — Le procureur du roi informera immédiatement notre garde des sceaux, ministre secrétaire d'État au département de la justice, de l'accomplissement desdites formalités, et lui transmettra en même temps l'arrêté du préfet, ses propres observations et celles des parties, s'il y a lieu, avec toutes les pièces jointes.

La date de l'envoi sera consignée sur un registre à ce destiné.

Dans les vingt-quatre heures de la réception de ces pièces, le ministre de la justice les transmettra au secrétariat général du Conseil d'État, et il en donnera avis au magistrat qui les lui aura transmises.

Art. 15. — Il sera statué sur le conflit au vu des pièces ci-dessus mentionnées, ensemble des observations et mémoires qui auraient pu être produits par les parties ou leurs avocats, dans le délai de quarante jours, à dater de l'envoi des pièces au ministère de la justice.

Néanmoins, ce délai pourra être prorogé, sur l'avis du Conseil d'État et la demande des parties, par notre garde des sceaux ; il ne pourra en aucun cas excéder deux mois.

Art. 16. — Si les délais ci-dessus fixés expirent sans qu'il ait été statué sur le conflit, l'arrêté qui l'a élevé sera considéré comme non avenu, et l'instance pourra être reprise devant les tribunaux.

Art. 17. — Au cas où le conflit serait élevé dans les matières correctionnelles comprises dans l'exception prévue par l'article 2 de la présente ordonnance, il sera procédé conformément aux articles 6, 7 et 8.

Art. 18. — Notre garde des sceaux, ministre secrétaire d'État au département de la justice (comte Portalis), est chargé de l'exécution de la présente ordonnance, qui sera insérée au *Bulletin des lois*.

---

### Ordonnance du 21 mars 1831 sur la publicité des séances au Conseil d'État et le mode de décision dans les conflits.

Art. 6. — Le rapport sur les conflits ne pourra être présenté qu'après la production des pièces ci-après énoncées, savoir : la citation, les conclusions des parties, le déclinatoire proposé par le préfet, le jugement de compétence, l'arrêté de conflit.

Ces pièces seront adressées par le procureur du roi à notre garde des sceaux, ministre de la justice, qui devra, dans les vingt-quatre heures de la réception, lui adresser un récépissé énonciatif des pièces envoyées, lequel sera déposé au greffe du tribunal.

Le ministre transmettra aussitôt les pièces au secrétariat général du Conseil d'État.

Art. 7. — Il sera statué sur le conflit dans le délai de deux mois, à dater de la réception des pièces au ministère de la justice.

Si, un mois après l'expiration de ce délai, le tribunal n'a pas reçu notification de l'ordonnance royale rendue sur le conflit, il pourra procéder au jugement de l'affaire.

---

## Règlement du 28 octobre 1849, sur le mode de procéder en matière de conflits.

Vu les articles 89 et 90 de la Constitution du 4 novembre 1848 ; vu les articles 47 et 64 de la loi du 3 mars 1849, organique du Conseil d'État ; vu les ordonnances des 1er juin 1828, et 12 mars 1831 ; vu l'arrêté du 30 décembre 1848, relatif aux conflits d'attributions entre les tribunaux et l'autorité administrative en Algérie, le Conseil d'État a arrêté et le Président de la République promulgue le règlement dont la teneur suit :

### CHAPITRE 1er. — DISPOSITIONS GÉNÉRALES.

Art. 1er. — Le Tribunal des conflits se réunit sur la convocation du ministre de la justice, son président.

Art. 2. — En cas d'empêchement, les membres du Tribunal des conflits sont remplacés par des suppléants, pris dans le Conseil d'État ou la Cour de cassation, selon la qualité des membres empêchés. A cet effet, deux suppléants sont élus par chacun des deux corps.

Art. 3. — Les fonctions du ministère public devant le Tribunal des conflits sont remplies par deux commissaires du Gouvernement; pris dans le ministère public du Conseil d'État et de la Cour de cassation. Ils sont désignés, chaque année, par le Président de la République.

Art. 4. — Les avocats au Conseil d'État et à la Cour de cassation peuvent être chargés, par les parties intéressées, de présenter devant le Tribunal des conflits des mémoires et des observations.

Art. 5. — Un secrétaire, nommé par le ministre de la justice, est attaché au Tribunal des conflits.

**Art. 6.** — Les rapporteurs sont désignés par le ministre de la justice immédiatement après l'enregistrement des pièces au secrétariat du Tribunal.

**Art. 7.** — Les rapports sont faits par écrit ; ils sont déposés par les rapporteurs au secrétariat, pour être transmis à celui des commissaires du Gouvernement que le ministre de la justice a désigné pour chaque affaire.

**Art. 8.** — Le rapport est lu en séance publique ; immédiatement après le rapport, les avocats des parties peuvent présenter des observations orales. Le commissaire du Gouvernement est ensuite entendu dans ses conclusions.

**Art. 9.** — Les décisions du Tribunal des conflits portent en tête la mention suivante :

*Au nom du peuple français, le Tribunal des conflits.*

Elles contiennent les noms et conclusions des parties, s'il y a lieu, le vu des pièces principales et des dispositions législatives dont elles font l'application. Elles sont motivées. Les noms des membres qui ont concouru à la décision y sont mentionnés. La minute est signée par le président, le rapporteur et le secrétaire. L'expédition des décisions est délivrée aux parties intéressées par le secrétaire du Tribunal. Le ministre de la justice fait transmettre administrativement aux ministres expédition des décisions dont l'exécution rentre dans leurs attributions.

**Art. 10.** — Les décisions du Tribunal des conflits ne sont pas susceptibles d'opposition.

**Art. 11.** — Sont applicables au Tribunal des conflits les articles 88 et suivants du Code de procédure civile sur la police des audiences.

CHAPITRE II. — DISPOSITIONS RELATIVES AUX CONFLITS D'ATTRIBUTIONS POSITIFS.

**Art. 12.** — Les arrêtés de conflits et les pièces continuent d'être transmis au ministre de la justice par les procureurs de la République et les procureurs généraux, conformément à l'article 14 de l'ordonnance du 1er juin 1828 et à l'article 6 de l'ordonnance du 12 mars 1831 ; ils sont enregistrés immédiatement au secrétariat du Tribunal des conflits. Dans les cinq jours de l'arrivée, les arrêtés de conflits et les pièces sont communiqués au ministre dans les attributions duquel se trouve placé le service auquel se rapporte le conflit. La date de la communication est consignée sur un registre à ce destiné. Dans la quinzaine, le ministre doit fournir les observations et les documents qu'il juge convenables sur la question de compétence. Dans tous les cas, les pièces seront rétablies au secrétariat du Tribunal des conflits dans le délai précité.

Art. 13. — Les avocats des parties peuvent être autorisés à prendre communication des pièces au secrétariat, sans déplacement.

Art. 14. — Dans les vingt jours qui suivent la rentrée des pièces, le rapporteur fait au secrétariat le dépôt de son rapport et des pièces.

Art. 15. — Il est statué, par le Tribunal des conflits, dans les délais fixés par l'article 7 de l'ordonnance du 12 mars 1831 et l'article 15 de l'arrêté du 30 décembre 1848. Ces délais sont suspendus pendant les mois de septembre et octobre.

Art. 16. — Lorsque la décision a été rendue, le ministre de la justice pourvoit à la notification prescrite par l'article 7 de l'ordonnance du 12 mars 1831 et par l'article 16 de l'arrêté du 30 décembre 1848.

Chapitre III. — Dispositions relatives aux conflits d'attributions négatifs.

Art. 17. — Lorsque l'autorité administrative et l'autorité judiciaire se sont respectivement déclarées incompétentes sur la même question, le recours devant le Tribunal des conflits, pour faire régler la compétence, est exercé directement par les parties intéressées. Il est formé par requête signée d'un avocat au Conseil d'État et à la Cour de cassation.

Art. 18. — Lorsque l'affaire intéresse directement l'État, le recours peut être formé par le ministre dans les attributions duquel se trouve placé le service public que l'affaire concerne.

Art. 19. — Lorsque la déclaration d'incompétence émane, d'une part, de l'autorité administrative, de l'autre, d'un tribunal statuant en matière de simple police ou de police correctionnelle, le recours peut, en outre, être formé par le ministre de la justice.

Art. 20. — Le recours doit être communiqué aux parties intéressées.

Art. 21. — Lorsque le recours est formé par des particuliers, l'ordonnance de *soit communiqué*, rendue par le ministre de la justice, président du Tribunal des conflits, doit être signifiée, par les voies de droit, dans le délai d'un mois. Ceux qui demeurent hors de la France continentale ont, outre le délai d'un mois, celui qui est réglé par l'article 75 du Code de procédure civile.

Art. 22. — Lorsque le recours est formé par un ministre, il en est, dans le même délai, donné avis à la partie intéressée par la voie administrative. Dans les affaires qui intéressent l'État directement, si le recours est formé par la partie adverse, le ministre de la justice est chargé d'assurer la communication du recours au ministre que l'affaire concerne.

Art. 23. — La partie à laquelle la notification a été faite est tenue, si elle réside sur le territoire continental, de répondre et de fournir ses défenses dans le délai d'un mois, à partir de la notification. A l'égard des colonies et des pays étrangers, les délais seront réglés, ainsi qu'il appartiendra, par l'ordonnance de *soit communiqué*.

Art. 24. — Les parties intéressées peuvent prendre, par elles-mêmes ou par leurs avocats, communication des productions au secrétariat, sans déplacement et dans le délai déterminé par le rapporteur.

---

## Loi du 4 février 1850 organisant le Tribunal des conflits.

Art. 1er. — Le Tribunal des conflits est présidé par le ministre de la justice.

Ses décisions ne peuvent être rendues qu'au nombre de neuf juges, pris également, à l'exception du ministre, dans les deux corps qui concourent à sa formation.

Art. 2. — En cas d'empêchement du ministre, il est remplacé dans la présidence du Tribunal des conflits par le ministre chargé du département de l'instruction publique.

Art. 3. — Si un autre membre du Tribunal est empêché, il est remplacé, selon le corps auquel il appartient, soit par un conseiller d'État, soit par un membre de la Cour de cassation.

A cet effet, chacun des deux corps élit dans son sein deux suppléants.

Ces suppléants seront appelés à faire le service dans l'ordre de leur nomination.

La durée de leurs fonctions sera la même que celle des membres titulaires, et ils seront nommés en même temps.

Il sera procédé à cette nomination par le Conseil d'État et par la Cour de cassation dans les huit jours qui suivront la promulgation de la présente loi.

Art. 4. — Les décisions du Tribunal des conflits ne pourront être rendues qu'après un rapport écrit fait par l'un des membres du Tribunal et sur les conclusions du ministère public.

Art. 5. — Les fonctions de rapporteur sont alternativement confiées à un conseiller d'État et à un membre de la Cour de cassation, sans que cet ordre puisse être interverti.

Art. 6. — Les fonctions du ministère public seront remplies par deux commissaires du Gouvernement, choisis tous les ans par le Président de la République, l'un parmi les maîtres des requêtes au Conseil d'État, l'autre dans le parquet de la Cour de cassation.

Il sera adjoint à chacun de ces commissaires un suppléant choisi de la même manière et pris dans les mêmes rangs, pour le remplacer en cas d'empêchement.

Ces nominations devront être faites, chaque année, avant l'époque fixée pour la reprise des travaux du Tribunal.

Art. 7. — Dans aucune affaire, les fonctions de rapporteur et celles du ministère public ne pourront être remplies par deux membres pris dans le même corps.....

Art. 9.—Le règlement du 26 octobre 1849 est modifié en tout ce qui ne serait pas conforme aux dispositions de la présente loi.

---

### Circulaire du 5 juillet 1828 adressée par le garde des sceaux aux procureurs généraux et procureurs du roi sur l'exécution de l'ordonnance du 1er juin 1828.

Après avoir exposé que l'ordonnance se propose un double but : assurer le libre exercice de la juridiction judiciaire et garantir les attributions de l'autorité administrative, le garde des sceaux en arrive à tracer le devoir des magistrats :

J'appellerai, dit-il, l'attention des officiers du parquet sur ces sortes de causes. Beaucoup d'entre eux, très-jeunes encore, peuvent n'avoir pas eu l'occasion d'apprécier les nuances délicates, les difficultés qu'elles présentent. Aussi, dans tous les cas où une instance donnerait lieu à quelque doute sur le point de la compétence, je ne puis qu'inviter les officiers du ministère public à prendre communication des pièces de l'affaire, et à donner des conclusions écrites ; ils répondront avec empressement, je n'en puis douter, à ce vœu, que j'exprime dans l'intérêt de l'ordre des juridictions.

Les articles 1 et 2 de l'ordonnance semblent ne pouvoir faire naître de véritables difficultés : *les magistrats pénétrés de leurs devoirs sentiront que, par respect pour les lois comme pour leur propre dignité, ils doivent, dans les cas de l'article 2, prévenir par un renvoi spontané devant l'autorité administrative, une déclaration de conflit.* Dans les deux cas prévus par l'article 3, il ne s'agit que d'exceptions dilatoires..... Ainsi les magistrats demeureront saisis ; leurs soins dans cette circonstance s'appliqueront seulement à prescrire ou à provoquer les mesures convenables pour faire cesser les retards non justifiés, et à accomplir les formalités préalables qui auraient été négligées. Les articles précisent, etc.

« Plusieurs dispositions capitales ressortent des règles nouvelles. On peut placer en premier ordre l'obligation, pour l'autorité administrative, de faire connaître et même de transcrire textuellement la disposition législative sur laquelle la revendication de sa part est fondée ; il est du reste évident que celle-ci n'est point exclusive du renvoi que les officiers du parquet devraient requérir d'office et les magistrats ordonner, s'ils se trouvent incompétents.

« En second lieu, le soin scrupuleux avec lequel il importe que les officiers du ministère public approfondissent le mémoire présenté par le préfet.

« Cet examen préalable de la difficulté, confié à des magistrats, a pour objet, vous le voyez, de jeter un grand jour sur la question de compétence soumise au tribunal, et, par suite, de rendre les conflits proprement dits beaucoup moins fréquents.

« Il serait peut-être utile que vos substituts fussent assujettis par vous à vous rendre un compte circonstancié de toutes les affaires de cette nature, afin que vous puissiez apprécier les principes d'après lesquels ils procèdent sur des incidents aussi graves ; il ne serait pas moins désirable que, pour le cas où le déclinatoire proposé par le préfet n'aurait point paru fondé à vos substituts, il s'établît entre eux et les préfets des communications officieuses propres à prévenir les conflits qui pourraient être inconsidérément élevés.

« Vous remarquerez également l'établissement d'un registre de mouvement... Il sera tenu au parquet, et, comme il ne cons-

tate que des mesures d'ordre, il sera de papier libre ; la forme
de ce registre est indifférente, pourvu qu'il offre avec clarté,
méthode et certitude la série des dates et la preuve de l'accomplissement des formalités reconnues indispensables pour procéder à la revendication de la cause, instruire et juger le conflit
élevé.

« Il serait utile que les greffiers tinssent de leur côté un registre pour assurer l'accomplissement des obligations personnelles
qui leur seront imposées. Je vous rappellerai à ce sujet la circulaire du 9 mai 1821, n° 733, B 5, relative à la tenue d'un registre de mouvement des instances qui intéressent la régie des
domaines et de l'enregistrement. Les mentions exactes, consi-
gnées sur un registre, rendront sans objet la rédaction d'un acte
de dépôt proprement dit, pour constater le dépôt et le rétablissement au greffe (exigés par les articles 10 et 15) de l'arrêté de
conflit et des pièces.

« Le récépissé à donner au préfet (art. 10) sera délivré sur
papier libre et devra être visé par le procureur. — Ce magistrat
devra joindre au dossier qu'il me transmettra un inventaire de
toutes les pièces qui le composeront.

« Enfin, et comme le vœu de l'ordonnance est qu'il intervienne
sur le point de la compétence une décision aussi prompte qu'il
est possible de l'obtenir, les revendications formées et les décli-
natoires proposés par les préfets devront être, tant en première
instance que sur l'appel, examinés et jugés comme *affaires ur-
gentes et requérant célérité.* »

---

## Circulaire du garde des sceaux pour l'exécution des dé-
## crets du 29 mars 1880, relativement aux congrégations
## non autorisées.

Le ministre, dans cette circulaire destinée à indiquer aux magistrats du parquet la conduite qu'ils auraient à suivre pour
aider les préfets de leur concours dans l'exécution desdits
décrets, examine d'abord les divers actes délictueux, outrages,
rébellion, cris séditieux, violences contre les personnes qui pour-

raient se produire ; puis, il arrive à traiter la question des conflits que les préfets auront à élever et il s'exprime ainsi :

Les résistances de fait ne sont pas les seules à prévoir. On tentera, sans doute, de paralyser ou retarder l'action administrative par des procédures dilatoires introduites sous la forme de référés, d'actions civiles ou même de poursuites correctionnelles dirigées contre les agents chargés de l'exécution.

L'autorité administrative, en pareil cas, présentera immédiatement un déclinatoire et élèvera, s'il y a lieu, le conflit. Il est de jurisprudence certaine que le conflit peut être élevé devant le juge même des référés. (*Arrêts du Conseil d'État, des 28 janvier 1867 et 18 novembre 1869, et Jugement du Tribunal des conflits, du 11 janvier 1873.*) Le ministère public devra produire le déclinatoire et procéder devant le juge des référés selon les formalités prescrites par l'ordonnance du 1er juin 1828, comme il le ferait devant le tribunal. Il est en effet reconnu par la jurisprudence que si le représentant du ministère public n'assiste pas d'ordinaire aux audiences de référé, il a néanmoins le droit d'y siéger lorsqu'il s'agit d'un intérêt public à défendre, et notamment en cas de conflit. (*Avis du conseil de législation du Conseil d'État, du 3 mai 1844, et Arrêté du Conseil d'État du 20 janvier 1867*).

On procédera de même dans le cas d'actions civiles en dommages-intérêts, ou de poursuites correctionnelles intentées contre les agents de l'autorité. Le conflit ne peut pas seulement être élevé en matière civile, il peut l'être encore en matière correctionnelle, aux termes de l'article 2 de l'ordonnance du 1er juin 1828, lorsque le jugement à rendre par le tribunal dépend d'une question préjudicielle dont la connaissance appartient à l'autorité administrative.

L'abrogation, par le décret du 19 septembre 1870, de l'article 75 de la Constitution de l'an VIII, concernant les poursuites exercées contre les fonctionnaires publics, n'a porté aucune atteinte à cette règle de compétence. Ce décret a bien eu pour effet de supprimer la nécessité de l'autorisation préalable pour les poursuites dirigées contre les fonctionnaires de tout ordre, et de rendre ainsi aux tribunaux judiciaires toute leur liberté d'action dans les limites de leur compétence ; mais il n'a point eu pour conséquence d'étendre les limites mêmes de leur juridiction. Il a laissé ainsi subsister, dans son intégrité, avec le principe de la séparation des pouvoirs administratif et judiciaire, l'interdiction faite aux tribunaux de connaître des actes administratifs et le droit qui en découle, pour l'administration, de revendiquer, par la voie du conflit, la connaissance exclusive et le contrôle de ses actes.

Cette prohibition est générale et d'ordre public, et elle ne saurait être éludée. Elle s'applique notamment à toutes les instances en responsabilité engagées contre les fonctionnaires publics desquels émane un acte administratif, ou contre les agents quelconques agissant pour l'exécution de cet acte. On ne saurait, en effet, sans violer ouvertement cette prohibition, admettre que ceux qui se prétendent lésés par un acte semblable puissent, au lieu de l'attaquer directement devant la juridiction administrative, introduire contre le fonctionnaire de qui il émane ou ses agents d'exécution, des demandes civiles en dommages-intérêts ou des poursuites devant les tribunaux correctionnels, et soustraire ainsi cet acte à ses juges naturels en en remettant l'appréciation, par une voie détournée, à l'autorité judiciaire.

Ces principes sont, d'ailleurs, constants, et ils ont été consacrés de la manière la plus formelle par de nombreuses décisions du Tribunal des conflits. (*Jugements du Tribunal des conflits des 30 juillet 1873, 28 novembre 1875, 24 novembre et 29 décembre 1877, 12 janvier 1878, etc.*)

L'action administrative ne saurait donc être paralysée par les résistances qui revêtiraient une apparence légale, non plus que par les résistances de fait individuelles ou collectives. Je ne vous parle point encore de l'action judiciaire proprement dite ; je me réserve de vous adresser ultérieurement sur ce point les instructions qui me paraîtront nécessaires. Vous n'aurez donc, quant à présent, qu'à prêter votre concours à l'autorité administrative à l'effet d'assurer, avec elle, le maintien de l'ordre et l'indépendance nécessaire de son action. Vous adresserez des instructions en ce sens à ceux de vos substituts dans l'arrondissement desquels se trouveront des établissements dont l'évacuation devra être ordonnée. J'ai la confiance qu'elles seront rigoureusement observées. Les lois de haute police administrative dont le Gouvernement poursuit enfin l'application doivent recevoir leur pleine et entière exécution. Je compte sur votre action personnelle, vigilante et ferme, pour procurer, en ce qui vous concerne, cet indispensable résultat.

Recevez, etc.

Le Garde des sceaux, ministre de la justice,<br>Jules Cazot.

Paris, juin 1880.

# TABLE DES MATIÈRES

## PRÉLIMINAIRES.



## PREMIÈRE PARTIE.

### Historique et législation des conflits.

#### CHAPITRE Iᵉʳ. — AVANT 1789.



#### CHAPITRE II. — DE 1789 JUSQU'A LA LOI DU 24 MAI 1872.

# DEUXIÈME PARTIE.

## Des conflits positifs.



### Chapitre Ier. — Par qui le conflit peut-il être élevé ?

CHAPITRE IV. — QUEL EST LE CARACTÈRE, QUEL EST LE BUT ET QUELS SONT LES EFFETS DE L'ARRÊTÉ DE CONFLIT?



CHAPITRE V. — COMMENT ET DANS QUELS DÉLAIS SONT JUGÉS LES CONFLITS?



CHAPITRE VI. — QUELS SONT LES EFFETS DES DÉCISIONS SUR CONFLITS?

Nancy, imp. Berger-Levrault et C<sup>ie</sup>.

BIBLIOTHEQUE NATIONALE DE FRANCE
3 7502 01327368 7

www.ingramcontent.com/pod-product-compliance
Ingram Content Group UK Ltd.
Pitfield, Milton Keynes, MK11 3LW, UK
UKHW021225140726
13695UKWH00002B/755